Interprétations Officielles

des

Règles Officielles du Basketball 2022

Version Française FFBB
Valide à compter du 1er juin 2023

Les modifications principales apportées
depuis septembre 2022 figurent en surligné jaune

TABLE DES MATIÈRES

TABLE DES ILLUSTRATIONS

AVERTISSEMENT

Cette version en langue française des Interprétations Officielles du Règlement du Basketball de la FIBA est une traduction réalisée par la Fédération Française de Basketball.
*Elle ne saurait se substituer à **la version anglaise officielle de la FIBA** qui **seule fait foi en cas de litige.***
Le texte original en anglais est disponible sur le site internet de la FFBB, dans l'onglet FFBB / Officiels / Arbitres / Règlement de jeu.

Des titres surlignés en gris ont été rajoutés à chaque article par la FFBB. Ils ne constituent que des repères pour faciliter la recherche et la navigation dans l'ouvrage, ne sont pas présents dans la version anglaise et ne constituent aucunement une interprétation officielle.

Les interprétations présentées dans ce document sont les interprétations officielles des Règles Officielles du Basketball 2022 et sont effectives à compter du 1er juin 2023. Elles prennent en compte les modification des interprétations officielles du basketball parues en septembre, novembre et décembre 2022. Ce document annule et remplace toute Interprétations Officielles précédemment publiées.

Tout au long des Interprétations des Règles Officielles du Basketball, le texte s'applique à tous les genres et doit être lu selon ce principe.

INTRODUCTION

Le Règlement Officiel de Basketball est approuvé par le bureau Central de la FIBA et il est périodiquement révisé par la Commission Technique de la FIBA.
Les règles sont tenues aussi claires et compréhensibles que possible mais elles expriment les principes plutôt que les situations de jeu. Elles ne peuvent cependant pas couvrir la riche variété des cas spécifiques qui peuvent se produire pendant une rencontre de Basketball.
L'objectif de ce document est de convertir les principes et les concepts du règlement de jeu FIBA en situations pratiques et spécifiques telles qu'elles peuvent surgir pendant une rencontre normale de Basketball.
Les interprétations des différentes situations peuvent stimuler l'esprit des arbitres et compléteront une étude préalable et détaillée des règles elles-mêmes.
Le Règlement Officiel de Basketball de la FIBA doit rester le document principal régissant le Basketball de la FIBA. Cependant, les arbitres doivent avoir les pleins pouvoirs et l'autorité de prendre des décisions sur tout point non spécifiquement couvert par les Règles Officielles du Basketball ou par ces interprétations officielles de la FIBA.
Dans un souci de cohérence de ces interprétations, "l'équipe A" est l'équipe attaquante (initialement), et "l'équipe B" l'équipe en défense. A1 à A5, et B1 à B5 sont des joueurs tandis que A6 à A12, et B6 à B12 sont des remplaçants.

Article 4   LES EQUIPES

4-1   Principe   Couleur des maillots et accessoires

Tous les joueurs d'une équipe doivent avoir leurs manchons de compression de jambe et bras, leurs bandeaux de tête et de poignets, leur couvre-tête et bandages de la même couleur unie.

4-2   Exemple :   Bandeaux de tête de couleurs différentes non permis

A1 porte un bandeau de tête blanc et A2 un bandeau de tête rouge sur le terrain de jeu.

Interprétation : Il n'est pas permis que les bandeaux de tête de A1 et A2 soient de couleurs différentes.

4-3   Exemple :   Bandeaux de tête et de poignets de couleurs différentes non permis

A1 porte un bandeau de tête blanc et A2 porte un bandeau de poignet rouge sur le terrain de jeu.

Interprétation : Il n'est pas permis que les bandeaux de tête pour A1 et de poignet pour A2 soient de couleurs différentes.

4-4   Principe   Port de bandana interdit

Le port de bandeau de tête de type bandana (bandeau noué) n'est pas autorisé

Figure 1 : Bandeau de tête de type bandana

4-5   Exemple :   Bandeaux de tête type bandana interdits même s'ils sont de la couleur des accessoires de l'équipe

A1 porte un bandeau de tête de type bandana (bandeau noué) de la même couleur unie que les autres accessoires autorisés aux coéquipiers.

Interprétation :

A1 porte un bandeau de type bandana (bandeau noué), ce qui n'est pas autorisé. Le bandeau ne doit pas avoir d'éléments d'ouverture / fermeture autour de la tête, et ne doit avoir aucune partie extrudée à sa surface.

4-6 Exemple :   Pas de remplacement accordé si le joueur entrant porte un tee-shirt non moulant

A6 demande un remplacement. Les arbitres s'aperçoivent que A6 porte un tee-shirt non-moulant sous son maillot.

Interprétation :

Le remplacement ne peut pas être accordé. Seuls des vêtements moulants peuvent être portés sous le short ou le maillot.

4-7   Exemple :   Pas de limite de longueur pour les cuissards moulants

A6 porte un cuissard moulant qui couvre :

  a) ses genoux,
  b) ses chevilles.

Interprétation :

Le port de sous-vêtements de compression moulants est légal, quelle qu'en soit la longueur. Tous les joueurs de l'équipe doivent avoir tous leurs vêtements moulants, bandeaux de tête, bandeaux de poignet et bandage d'une même couleur unie.

4-8   Exemple :   Pas de limite de longueur pour les sous-maillots moulants

A6 porte un sous vêtement moulant sous son maillot qui couvre :
   a) Ses épaules,
   b) Son cou.

Interprétation :

Le port de sous-vêtements moulant sous le maillot est légal et peut être porté :
   a) Quelle que soit la longueur des manches sur et au-delà des épaules
   b) Jusqu'en haut du cou

Tous les joueurs de l'équipe doivent avoir tous leurs vêtements moulants, bandeaux de tête, bandeaux de poignet et bandage d'une même couleur unie.

Article 5   JOUEURS - BLESSURE

5-1   Principe   Joueur blessé et membre accompagnateur d'équipe pénétrant sur le terrain

Si un joueur se blesse ou paraît être blessé ou reçoit une assistance, et qu'alors un entraîneur principal, entraîneur adjoint, remplaçant, joueur éliminé, ou tout membre accompagnateur de la délégation de son équipe pénètre sur le terrain de jeu, ce joueur est considéré comme ayant reçu des soins ou une assistance, que des soins ou une assistance aient été ou non prodigués.

5-2   Exemple :   Entrée sur le terrain lors d'une blessure

A1 semble s'être blessé à la cheville et le jeu est arrêté.
(a) Un médecin de l'équipe A pénètre sur le terrain de jeu et soigne la cheville blessée de A1,
(b) Un médecin de l'équipe A pénètre sur le terrain de jeu mais A1 a déjà récupéré,
(c) L'entraîneur principal de l'équipe A pénètre sur le terrain de jeu et s'occupe de son joueur blessé,
(d) Le premier entraîneur adjoint, un remplaçant ou tout membre accompagnateur de la délégation de l'équipe A pénètre sur le terrain de jeu mais ne s'occupe pas de soigner A1.

Interprétation : Dans tous ces cas, A1 est considéré comme ayant reçu un traitement et doit être remplacé.

5-3   Exemple :   Entrée sur le terrain du kiné pour fixer un bandage

Le kiné de l'équipe entre sur le terrain de jeu et refixe un bandage qui s'est détaché sur A1.

Interprétation : A1 a reçu une assistance et doit être remplacé.

5-4   Exemple :   Entrée d'un médecin de l'équipe pour retrouver une lentille sur le terrain

Le médecin de l'équipe A entre sur le terrain de jeu pour retrouver une lentille de contact perdue.

Interprétation : A1 a reçu une assistance et doit être remplacé.

5-5   Principe :   Pas de remplacement pour une assistance effectuée depuis sa propre zone de banc et qui ne ralentit pas la reprise du jeu

N'importe quelle personne autorisée à s'asseoir sur le banc de sa propre équipe, peut fournir une assistance à un joueur de sa propre équipe en restant dans sa propre zone de banc d'équipe. Si l'assistance n'empêche pas la rencontre de reprendre rapidement, ce joueur sera considéré comme n'ayant pas reçu une assistance et ne devra pas être remplacé.

5-6 Exemple : **Donner une bouteille, une serviette ou refaire un bandage pendant des lancers-francs**

B1 est sanctionné d'une faute sur A1 en action de tir, à proximité du banc de l'équipe A. Le ballon ne pénètre pas dans le panier. Pendant que A1 tente ses 2 ou 3 lancers francs :

- a) Le manager de l'équipe A ou A6, depuis sa zone de banc d'équipe passe une serviette, une bouteille d'eau ou un bandeau de tête à n'importe quel joueur de l'équipe A situé sur le terrain de jeu.
- b) Le kiné de l'équipe A, depuis sa zone de banc d'équipe, refixe un bandage détaché sur n'importe quel joueur de l'équipe A situé sur le terrain de jeu, diffuse un spray sur sa jambe ou lui masse le cou, …

Interprétation : Dans les 2 cas, le joueur de l'équipe A n'a pas reçu une assistance qui a retardé la reprise de la rencontre. Le joueur de l'équipe A ne doit pas être remplacé. A1 doit continuer à tenter ses 2 ou 3 lancers francs.

5-7 Exemple : **Aider un joueur à se relever dans sa zone de banc**

B1 est sanctionné d'une faute sur A1 en action de tir, à proximité du banc de l'équipe A. Le ballon ne pénètre pas dans le panier. Après la faute, A1 tombe au sol sur le terrain de jeu et glisse dans sa zone de banc d'équipe. A6 se lève du banc et aide A1 à se remettre sur pied. A1 est prêt à jouer immédiatement, au plus tard dans les 15 secondes qui suivent.

Interprétation : A1 n'a pas reçu une assistance qui a retardé la reprise de la rencontre. A1 ne doit pas être remplacé. A1 doit tenter 2 ou 3 lancers francs.

5-8 Exemple : **Donner une bouteille d'eau ou une serviette**

A1 bénéficie de 2 lancers francs. Alors que l'arbitre communique la faute à la table de marque, A1 vient se placer en face de sa zone de banc d'équipe au bout du terrain de jeu et demande une serviette ou une bouteille d'eau. N'importe quelle personne passe une serviette ou une bouteille à A1 depuis la zone de banc de son équipe. A1 sèche ses mains ou se désaltère. A1 est prêt à jouer immédiatement, au plus tard dans les 15 secondes qui suivent.

Interprétation : A1 n'a pas reçu une assistance qui a retardé la reprise du jeu. A1 ne doit pas être remplacé. A1 doit tenter 2 lancers francs.

5-9 Exemple : **Amener une serviette pour sécher le ballon n'est pas une assistance**

A1 marque un panier. B1 qui effectue la remise en jeu indique à l'arbitre que le ballon est mouillé. L'arbitre arrête la rencontre. N'importe quelle personne de l'équipe B vient alors sur le terrain et sèche le ballon ou donne une serviette à B1 pour sécher le ballon.

Interprétation : Dans les 2 cas, B1 n'a pas reçu une assistance qui a retardé la reprise de la rencontre. B1 ne doit pas être remplacé. La rencontre doit reprendre par une remise en jeu de l'équipe B depuis n'importe quel endroit derrière la ligne de fond, excepté directement derrière le panier. L'arbitre doit remettre le ballon à un joueur de l'équipe B pour la remise en jeu.

5-10 Exemple : **Quitter la zone de banc pour porter une assistance dans la moitié de terrain opposée à son banc**

A1 a le ballon en main pour effectuer une remise en jeu depuis sa zone avant. Le kiné de l'équipe A quitte alors son banc en zone arrière, reste en dehors du terrain et vient fixer en zone avant le bandage détaché de A1.

Interprétation : Le kiné de l'équipe A1 a fourni une assistance à A1 en dehors de sa zone de banc d'équipe. A1 doit être remplacé.

5-11 Exemple : **Quitter la zone de banc pour porter une assistance hors du terrain dans sa moitié de terrain**

A1 n'a pas encore le ballon dans les mains pour administrer une remise en jeu depuis sa zone avant. Le kiné de l'équipe A reste dans sa zone de banc d'équipe située en zone avant et refixe le bandage détaché de A1.

Interprétation : Le kiné de l'équipe A a fourni une assistance dans sa zone de banc d'équipe.

- Si l'assistance est effectuée en moins de 15 secondes, A1 ne doit pas être remplacé.
- Si l'assistance dure plus de 15 secondes, A1 doit être remplacé.

5-12   Principe   Limite pour évacuer un joueur blessé
Il n'y a pas de limite de temps pour évacuer du terrain de jeu un joueur sérieusement blessé si, selon l'avis du médecin, l'évacuation est dangereuse pour le joueur.

5-13   Exemple
A1 est sérieusement blessé et le jeu est interrompu pendant environ 15 minutes parce que le médecin estime que l'évacuation du terrain de jeu pourrait être dangereuse pour le joueur.
Interprétation : L'opinion du médecin doit déterminer le moment approprié pour l'évacuation du joueur blessé du terrain de jeu. Après le remplacement, le jeu doit reprendre sans aucune sanction.

5-14   Principe   Joueur blessé et temps-mort
Si un joueur est blessé, qu'il saigne ou qu'il ait une blessure ouverte, et ne peut pas continuer à jouer immédiatement (environ 15 secondes), ou qu'il est assisté par toute personne autorisée à s'asseoir sur le banc de son équipe, il doit être remplacé. Si un temps-mort est accordé à l'une ou l'autre équipe pendant la même période d'arrêt du chronomètre de jeu et que le joueur récupère ou que l'assistance se termine pendant ce temps-mort, il peut continuer à jouer seulement si le signal du chronométreur signalant la fin du temps-mort retentit avant qu'un arbitre n'ait autorisé un remplaçant à remplacer le joueur blessé ou ayant reçu une assistance.

5-15   Exemple   Sortie et entrée de joueur blessé
A1 est blessé et le jeu est arrêté. Puisque A1 n'est pas en mesure de continuer à jouer immédiatement, l'arbitre siffle en faisant le signe conventionnel pour le remplacement. Chaque équipe demande un temps-mort :
(a) avant que le remplaçant de A1 soit entré en jeu,
(b) après que le remplaçant de A1 est entré en jeu.
A la fin du temps-mort, A1 récupère et demande à rester en jeu.
Interprétation :
(a) si A1 a récupéré pendant le temps-mort il peut continuer à jouer
(b) le remplaçant de A1 est déjà entré en jeu. Par conséquent, A1 ne peut pas revenir en jeu avant que la prochaine période de marche du chronomètre de jeu ne soit terminée.

5-16   Principe   Remplacement en cas de blessure avant match ou entre des lancers-francs
Les joueurs qui ont été désignés par leur entraineur principal pour débuter la rencontre peuvent être remplacés en cas de blessure

Les joueurs qui reçoivent des soins entre des lancers-francs doivent être remplacés en cas de blessure.

Dans les cas précédents, les adversaires sont également autorisés, s'ils le souhaitent, à remplacer le même nombre de joueurs.

5-17   Exemple
A1 est victime d'une faute et 2 lancers-francs lui sont accordés. Après le premier lancer-franc, les arbitres découvrent que :
a) A1 saigne. A1 est remplacé par A6. L'équipe B demande à remplacer 2 joueurs.
b) B1 saigne. B1 est remplacé par B6. L'équipe A demande à remplacer 1 joueur
Interprétation :
a) L'équipe B est autorisée à remplacer 1 joueur seulement. A6 doit tenter le second lancer-franc.
b) L'équipe A est autorisée à remplacer 1 joueur. A1 doit tenter le second lancer-franc

Article 7 ENTRAINEUR PRINCIPAL ET 1er ENTRAINEUR ADJOINT : DEVOIRS ET POUVOIRS

7-1 Principe Erreur ou oubli sur la liste des joueurs

Au moins 40 minutes avant l'heure fixée pour le commencement de la rencontre, chaque entraîneur ou son représentant doit donner au marqueur une **liste d'équipe avec les noms et les numéros correspondants** des membres d'équipe qui sont qualifiés pour jouer la rencontre, de même que les noms du capitaine, de l'entraîneur principal et du premier entraîneur adjoint.

L'entraîneur est personnellement responsable de faire en sorte que les numéros de la liste correspondent bien à ceux qui sont inscrits sur le maillot des joueurs. 10 minutes avant l'heure prévue pour le commencement de la rencontre, chaque entraîneur doit signer la feuille de marque pour confirmer que les noms et numéros correspondants des membres de son équipe sont corrects, de même que les noms de l'entraîneur principal, du premier entraîneur adjoint et du capitaine.

7-2 Exemple Numéro erroné ou oubli d'enregistrement de joueur sur la feuille

L'équipe A présente la liste d'équipe au moment opportun. Les numéros de maillot de 2 joueurs sur la feuille de marque sont différents des numéros effectifs de leur maillot ou le nom d'un joueur est oublié sur la feuille de marque. Ceci est découvert :

(a) avant le commencement de la rencontre,

(b) après le commencement de la rencontre.

Interprétation :

(a) Les numéros incorrects doivent être corrigés ou le nom du joueur doit être ajouté sur la feuille de marque sans aucune sanction.

(b) L'arbitre arrête le jeu au moment opportun afin de ne désavantager aucune équipe. Les numéros incorrects sont corrigés sans aucune sanction. Cependant, le nom du joueur ne peut pas être ajouté sur la feuille de marque.

7-3 Exemple Les joueurs non-inscrits sur la feuille peuvent s'asseoir sur le banc s'ils font partie des 8 accompagnants autorisés.

L'entraîneur principal de l'équipe A souhaite permettre à des joueurs blessés ou non pressentis pour jouer de s'asseoir sur son banc d'équipe pendant la rencontre.

Interprétation :

Les équipes sont libres de décider de qui fera partie des 8 membres accompagnateurs autorisés à s'asseoir sur le banc d'équipe.

7-4 Principe Erreur sur le 5 de départ

Au moins 10 minutes avant l'heure prévue pour le début de la rencontre, chaque entraîneur principal d'équipe doit confirmer les 5 joueurs qui commenceront la rencontre. Avant que la rencontre ne débute, le marqueur doit vérifier s'il n'y a pas d'erreur concernant les 5 joueurs commençant la rencontre et, si cela est le cas, il doit en avertir dès que possible l'arbitre le plus proche. Si cela est découvert avant le début de la rencontre, les joueurs du cinq de départ doivent être modifiés. Si cela est découvert après le début de la rencontre, cela doit être ignoré.

7-5 Exemple : on découvre qu'un des joueurs sur le terrain n'est pas un du cinq de départ confirmé. Cela se produit :

(a) Avant le commencement de la rencontre

(b) Après le commencement de la rencontre

Interprétation :

(a) Le joueur doit être remplacé sans aucune sanction par un des joueurs du 5 de départ qui devait commencer la rencontre.

(b) L'erreur doit être ignorée. Le jeu doit continuer sans aucune sanction.

7-6 Exemple : L'entraîneur principal doit cocher lui-même les entrées en jeu

L'entraineur principal demande au marqueur de cocher d'un petit « x » sur la feuille de marque les 5 joueurs de son équipe qui doivent débuter la rencontre.

Interprétation :

L'entraîneur doit personnellement confirmer les 5 joueurs qui doivent commencer la rencontre en marquant lui-même un petit « x » à côté du numéro de chacun de ces joueurs dans la colonne « joueur en jeu » de la feuille de marque.

7-7 Exemple : Le capitaine devient entraineur-joueur si l'entraineur et le 1er adjoint sont disqualifiés

L'entraineur principal et l'entraineur adjoint de l'équipe A sont tous les deux disqualifiés.

Interprétation :

Si à la fois, l'entraîneur principal et l'entraîneur adjoint de l'équipe A ne peuvent pas poursuivre la rencontre, le capitaine de l'équipe A doit faire office d'entraineur principal - joueur.

Article 8 TEMPS DE JEU, EGALITE ET PROLONGATION

8.1 Principe Début de l'intervalle de jeu

Un intervalle de jeu commence :

- 20 minutes avant l'heure prévue du début de rencontre.
- Dès que le signal de fin de quart-temps ou de prolongation retentit.
- Quand le panier est équipé d'une bande lumineuse rouge sur son périmètre, c'est l'allumage de cette lumière qui doit être pris en compte plutôt que le signal sonore
- En cas de Revisionnage Vidéo Instantané (IRS) à la fin d'un quart-temps ou d'une prolongation : après que le Crew Chief a communiqué la décision finale

8-2 Exemple Faute au buzzer sur un tir manqué ou réussi

A1 est victime d'une faute de B1 sur :

- a) un tir manqué de A1
- b) un tir réussi de A1

… au moment où le signal sonore du chronomètre de jeu annonce la fin du quart-temps.

Interprétation :

Les arbitres doivent se consulter et déterminer si la faute de B1 s'est produite avant le signal sonore de fin de quart-temps.

- Si les arbitres décident que la faute de B1 s'est produite avant que retentisse le signal sonore de fin de quart-temps : B1 doit être pénalisé de la faute personnelle et :
  - a) A1 doit tenter 2 lancers-francs.
  - b) Le panier de A1 doit compter. A1 doit tenter 1 lancer-franc.

  Le chronomètre de jeu doit être réglé sur le temps de jeu qui restait au moment où la faute a été commise. Le jeu doit reprendre comme après tout dernier lancer-franc.

- Si les arbitres décident que la faute de B1 s'est produite après le signal sonore de fin de quart-temps a retenti, la faute de B1 doit être ignorée. Le panier de A1, si réussi, ne doit pas compter. Toutefois, si la faute de B1 remplit les critères d'une faute antisportive ou disqualifiante, et qu'il reste un quart-temps ou une prolongation à suivre, la faute de B1 ne doit pas être ignorée et doit être pénalisée comme il se doit avant que ne débute le quart-temps ou la prolongation à suivre. La faute doit compter dans le décompte des fautes d'équipe du quart-temps suivant.

8-3 Exemple Validité d'une faute et du panier quand le ballon a été lâché sur un tir au buzzer

A1 tente un tir à 3 points. Le ballon est en l'air quand le chronomètre de jeu sonne pour la fin du temps de la rencontre. Après le signal, B1 commet une faute sur A1 qui est encore en l'air. Le ballon pénètre dans le panier.

Interprétation : 3 points doivent être accordés à A1. La faute de B1 sur A1 doit être ignorée dans la mesure où elle a été commise après la fin du temps de jeu, à moins qu'elle ne réponde aux critères d'une faute antisportive ou disqualifiante et qu'un autre quart-temps ou qu'une prolongation reste à suivre.

Article 9   DEBUT ET FIN DES QUART-TEMPS, PROLONGATIONS OU DE LA RENCONTRE

9-1   Principe   Retard des joueurs et forfait
Une rencontre ne peut pas commencer tant que chaque équipe n'a pas sur le terrain de jeu au moins 5 joueurs prêts à jouer.

9-2   Exemple   Moins de 5 joueurs à la mi-temps
Au début de la 2ème mi-temps, l'équipe A ne peut pas présenter 5 joueurs sur le terrain de jeu du fait de blessure, disqualification, etc…
Interprétation : L'obligation de présenter 5 joueurs n'est valide que pour le commencement de la rencontre. L'équipe A peut continuer à jouer avec moins de 5 joueurs.

9-3   Exemple   Choisir de jouer avec moins de 5 joueurs
A l'approche de la fin de la rencontre, A1 est sanctionné de sa 5ème faute et quitte le terrain. L'équipe A doit continuer à jouer avec 4 joueurs du fait qu'elle n'a plus de remplaçant disponible. Comme l'équipe B mène avec un grand écart, l'entraineur principal B montrant du fair-play veut retirer du jeu un de ses joueurs pour jouer aussi avec 4 joueurs.
Interprétation : La requête de l'entraineur principal de l'équipe B de jouer avec moins de 5 joueurs doit être refusée. Aussi longtemps qu'une équipe a suffisamment de remplaçants disponibles, 5 joueurs doivent être sur le terrain de jeu.

9-4   Principe   Erreur de panier
L'Article 9 précise quel panier une équipe doit défendre et quel panier une équipe doit attaquer. Si, par confusion, un quart-temps ou une prolongation commence alors que les deux équipes attaquent/défendent le panier incorrect, la situation doit être corrigée dès sa découverte sans placer l'une ou l'autre équipe en position de désavantage. Tout point marqué, temps écoulé, faute infligée, etc. avant l'arrêt du jeu demeure valable.

9-5   Exemple   Erreur de panier des 2 équipes
Après le début de la rencontre, les arbitres découvrent que les équipes jouent dans la mauvaise direction.
Interprétation : Le jeu doit être arrêté dès que possible sans mettre l'une ou l'autre équipe en position défavorable. Les équipes doivent corriger la direction du jeu. Le jeu doit reprendre au plus près de l'endroit diamétralement opposé au point correspondant où le jeu a été arrêté.

9-6   Principe   La rencontre doit débuter par un entre-deux
La rencontre doit débuter par un entre-deux dans le cercle central.

9-7   Exemple   Le tireur du LF d'une faute technique avant la rencontre doit débuter la rencontre

Pendant l'intervalle de jeu précédent la rencontre, A1 est sanctionné d'une faute technique. Avant le début de la rencontre, l'entraîneur principal B désigne B6 pour tenter 1 lancer-franc, cependant B6 n'est pas un des joueurs du 5 de départ de l'équipe B débutant la rencontre.
Interprétation : N'importe quel joueur du 5 de départ de l'équipe B doit tenter le lancer-franc sans alignement. Un remplacement ne peut pas être autorisé avant que le temps de jeu ait débuté.
La rencontre devra commencer ensuite par un entre deux.

9-8   Exemple   Tireur de LF remplacé, si pas dans le 5 en cas de faute antisportive avant la rencontre.
Pendant l'intervalle de jeu précédent la rencontre, A1 est sanctionné d'une faute antisportive sur B1.
Interprétation :
Avant le commencement du jeu, B1 doit tenter 2 lancers-francs sans alignement avant le début de la rencontre.
- Si B1 a été confirmé comme l'un des joueurs du 5 de départ, B1 doit rester sur le terrain de jeu.
- Si B1 n'a pas été confirmé comme l'un des joueurs du 5 de départ, B1 ne doit pas rester sur le terrain de jeu. Le match devra démarrer avec les 5 joueurs de l'équipe B désignés pour commencer la rencontre.
La rencontre devra commencer par un entre deux avec les 5 joueurs qui avaient été confirmés pour commencer la rencontre.

9-9   Principe   Cas de remplacements avant le début de rencontre
Si, pendant l'intervalle de jeu précédent la rencontre, un joueur désigné pour commencer la rencontre n'est plus capable ou n'est plus autorisé à débuter la rencontre, il doit être remplacé par un autre joueur. Dans ce cas, les adversaires sont autorisés, s'ils le souhaitent, à remplacer également un joueur de leur 5 de départ.

9-10   Exemple   Remplacements en cas de blessure ou disqualification avant la rencontre
A1 est l'un des joueurs du 5 de départ de l'équipe A. Pendant l'intervalle de jeu précédent la rencontre, 7 minutes avant le début de la rencontre :
- a) A1 se blesse.
- b) A1 est disqualifié
Interprétation : Dans les 2 cas, A1 doit être remplacé par un autre joueur de l'équipe A. dans ce cas, l'équipe B est autorisée, si elle le souhaite, à remplacer également un joueur de son 5 de départ.

Article 10 STATUT DU BALLON

10-1   Principe   Faute sur un autre joueur pendant une action de tir
Le ballon ne devient pas mort et le panier, si réussi, doit compter, quand un joueur est dans une action de tir qu'il termine dans un mouvement continu alors qu'un défenseur est sanctionné d'une faute sur n'importe quel adversaire, commise après que le mouvement du tireur a commencé. Cette disposition s'applique également quand n'importe quel joueur défenseur ou toute personne autorisée à s'asseoir sur le banc de cette équipe est sanctionné d'une faute technique.

10-2   Exemple :   Faute d'un défenseur sur un autre attaquant pendant une action de tir (5ème faute d'équipe)
A1 est dans son action de tir au panier quand B2 est sanctionné d'une faute sur A2. A1 termine son action de tir dans un mouvement continu.
- a) C'est la 3ème faute de l'équipe B dans le quart-temps.
- b) C'est la 5ème faute de l'équipe B dans le quart-temps.
Interprétation :
Dans les 2 cas, le panier, s'il est réussi, doit compter.

a) Le jeu doit reprendre par une remise en jeu de l'équipe A au plus près de l'endroit où la faute de B2 s'est produite.

b) A2 doit tenter 2 lancers-francs. Le jeu doit reprendre comme après tout dernier lancer-franc.

10-3   Exemple :   Faute d'un attaquant sur un défenseur pendant une action de tir

A1 est dans son action de tir au panier quand A2 est sanctionné d'une faute sur B2. A1 termine son action de tir dans un mouvement continu.

Interprétation :

Le ballon devient mort quand A2 est sanctionné d'une faute de l'équipe qui contrôle le ballon.

- Si le tir de A1 est réussi, le panier ne doit pas compter. Quel que soit le nombre de fautes d'équipe commises par l'équipe A dans le quart-temps, le jeu doit reprendre par une remise en jeu de l'équipe B depuis le prolongement de la ligne de lancers-francs.
- Si le tir de A1 est manqué, le jeu doit reprendre par une remise en jeu de l'équipe B depuis l'endroit le plus proche d'où la faute a été commise, excepté directement derrière le panier.

Article 12 ENTRE-DEUX ET POSSESSION ALTERNEE

12-1   Principe   Premier contrôle de ballon vivant sur le terrain

L'équipe qui n'est pas la première équipe à gagner le contrôle du ballon vivant après l'entre-deux de début de rencontre doit obtenir le ballon pour une remise en jeu au plus près de l'endroit où la situation d'entre-deux suivante s'est produite, excepté directement derrière le panier.

12-2   Exemple :   Entre deux après les LF d'une faute technique avant match

2 minutes avant le début du match, A2 est sanctionné d'une faute technique.

Interprétation : Un des joueurs du 5 de départ de l'équipe B doit tirer le lancer-franc sans alignement. Comme la rencontre n'a pas encore commencé, la direction de la flèche de possession alternée ne peut être en faveur d'aucune équipe. La rencontre commencera par un entre deux.

12-3   Exemple :   Violation d'un sauteur sur entre-deux et possession alternée

Le Crew Chief lance le ballon pour l'entre-deux initial. Immédiatement avant que le ballon atteigne son point culminant le ballon est touché par le sauteur A1.

Interprétation : C'est une violation d'entre-deux de A1. Une remise en jeu doit être accordée à l'équipe B depuis sa zone avant, à proximité de la ligne médiane. L'équipe B doit avoir 14 secondes au chronomètre des tirs. Dès que le ballon sera mis à disposition du joueur de l'équipe B effectuant la remise en jeu, l'équipe A deviendra bénéficiaire de la prochaine possession alternée.

12-4   Exemple :   Violation d'un non-sauteur sur entre-deux et possession alternée

Le Crew Chief lance le ballon pour l'entre-deux initial. Avant que le ballon ait atteint son point cuminant, le non-sauteur A2 pénètre dans le cercle d'entre deux :

a) Depuis sa zone arrière

b) Depuis sa zone avant

Interprétation : Dans les 2 cas, c'est une violation d'entre-deux de A2. Une remise en jeu en zone doit être accordée à l'équipe B :

a) Dans sa zone avant, à proximité de la ligne médiane avec 14 secondes au chronomètre des tirs.

b) Dans sa zone arrière, à proximité de la ligne médiane, avec 24 secondes au chronomètre des tirs.

Dès que le ballon sera mis à disposition du joueur de l'équipe B effectuant la remise en jeu, l'équipe A deviendra bénéficiaire de la prochaine possession alternée.

12-5   Exemple :   Entre deux initial suivi d'un ballon tenu ou d'une double faute

Le Crew Chief lance le ballon pour l'entre deux initial. Immédiatement après que le ballon a été légalement tapé par le sauteur A1 :
(a) Un ballon tenu est sifflé entre A2 et B2
(b) Une double faute entre A2 et B2 est sifflée
Interprétation : Dans les deux cas, puisque le contrôle d'un ballon vivant n'a pas encore été établi, l'arbitre ne peut pas appliquer la procédure de possession alternée. Le Crew chief doit administrer un autre entre deux dans le cercle central et A2 et B2 doivent sauter. Le temps consommé sur le chronomètre de jeu après que le ballon a été légalement tapé et avant que l'entre-deux ou la double faute se produise doit rester valide.

12-6   Exemple :   Entre deux et violation du sauteur ou sortie du ballon du terrain
Le Crew Chief lance le ballon pour l'entre deux initial. Immédiatement après, le ballon est touché par le sauteur A1 puis :
(a) Le ballon sort directement des limites du terrain
(b) Le ballon est attrapé par A1 avant qu'il ait touché un joueur non sauteur ou le terrain de jeu.
Interprétation : Dans les deux cas, l'équipe B bénéficie d'une remise en jeu consécutive à la violation de A1.

- Si la remise en jeu est attribuée dans sa zone arrière, l'équipe B doit avoir 24 secondes sur le chronomètre des tirs
- Si la remise en jeu est attribuée dans sa zone avant, l'équipe B doit avoir 14 secondes sur le chronomètre des tirs

Dès que le ballon sera mis à disposition du joueur de l'équipe B effectuant la remise en jeu, l'équipe A deviendra bénéficiaire de la prochaine possession alternée.

12-7   Exemple :   Entre deux initial puis faute technique
Le Crew Chief lance le ballon pour l'entre deux initial. Immédiatement après, le ballon est touché par le sauteur A1 puis B1 est sanctionné d'une faute technique.

Interprétation : N'importe quel joueur de l'équipe A doit tenter un lancer-franc sans alignement. Dès que le joueur de l'équipe A reçoit le ballon pour le lancer-franc, la flèche de possession doit être orientée vers l'équipe B. Le jeu reprendra par une remise en jeu de possession alternée par l'équipe B au point le plus proche de celui où la faute technique a été commise.
- Si la remise en jeu est attribuée dans sa zone arrière, l'équipe B devra avoir 24 secondes sur le chronomètre des tirs
- Si la remise en jeu est attribuée dans sa zone avant, l'équipe B devra avoir 14 secondes sur le chronomètre des tirs

Dès que le ballon sera mis à disposition du joueur de l'équipe B effectuant la remise en jeu, l'équipe A deviendra bénéficiaire de la prochaine possession alternée.

12-8   Exemple :   Entre deux initial puis faute antisportive
Le Crew Chief lance le ballon pour l'entre deux initial. Immédiatement après, le ballon est touché par le sauteur A1 puis A2 est sanctionné d'une faute antisportive sur B2.
Interprétation : B2 doit tenter 2 lancers-francs sans alignement. Dès que B2 reçoit le ballon pour le 1er lancer-franc, la flèche de possession doit être orientée vers l'équipe A. Le jeu reprendra par une remise en jeu par l'équipe B au point de remise en jeu en zone avant de l'équipe B (dans le cadre de la sanction de la faute antisportive). L'équipe B doit avoir 14 secondes sur le chronomètre des tirs.

12-9   Exemple :   Erreur de possession alternée
L'équipe B a le droit à la remise en jeu selon la procédure de possession alternée. Un arbitre et/ou le marqueur commet une erreur et la remise en jeu est attribuée par erreur à l'équipe A.

Interprétation : Dès que le ballon touche ou a été légalement touché par un joueur sur le terrain de jeu, l'erreur ne peut plus être corrigée. A la suite de l'erreur, l'équipe B ne doit pas perdre son droit à la prochaine possession alternée lors de la prochaine situation d'entre-deux.

12-10 Exemple : <mark>Faute antisportive en fin de quart-temps</mark>

En même temps que le signal du chronomètre de jeu retentit pour mettre fin au premier quart-temps, B1 est sanctionné d'une faute antisportive sur A1. Les arbitres décident que le signal sonore de fin de temps de jeu a retenti avant que la faute de B1 soit commise. L'équipe A doit bénéficier de la possession alternée pour débuter le 2ème quart-temps.

Interprétation : La faute antisportive a eu lieu pendant l'intervalle de jeu. <mark>Avant le début du second quart-temps</mark>, A1 devra tenter 2 lancers-francs sans alignement de joueurs. Le jeu devra reprendre par une remise en jeu de l'équipe A depuis la ligne de remise en jeu de sa zone avant, avec14 secondes sur le chronomètre des tirs. L'équipe A ne doit pas perdre son droit à la prochaine remise en jeu de possession alternée pour la prochaine situation d'entre-deux. A1 doit rester sur le terrain jusqu'à la prochaine opportunité de remplacement.

12-11 Exemple <mark>Reprise de jeu après faute technique juste après le signal de fin de quart-temps.</mark>

Peu de temps après que le signal du chronomètre de jeu a retenti pour annoncer la fin du 3ème quart-temps, B1 est sanctionné d'une faute technique sur A1. L'équipe A doit bénéficier du droit à la possession alternée pour débuter le 4ème quart-temps.

Interprétation : N'importe quel joueur de l'équipe A doit tenter 1 lancer-franc sans alignement avant le début du 4ème quart-temps. Le 4ème quart-temps doit commencer par une remise en jeu de l'équipe A depuis le prolongement de la ligne médiane. L'équipe A doit avoir 24 secondes sur le chronomètre des tirs.

12-12 Exemple Joueur contré et deux joueurs retombant au sol avec les mains sur le ballon

A1 saute avec le ballon dans les mains et il est contré par B1. Les deux joueurs reviennent au sol en ayant l'un et l'autre une ou les deux mains fermement posées sur le ballon.

Interprétation : C'est une situation d'entre-deux.

12-13 Exemple <mark>Joueur contré et le tireur retombe au sol en tenant seul le ballon</mark>

<mark>A1 saute avec le ballon dans les mains et il est contré par B1. A1 revient sur le terrain de jeu en ayant une ou les deux mains fermement posée(s) sur le ballon, mais B1 ne touche plus le ballon.</mark>

<mark>**Interprétation**</mark> : C'est une violation de marcher.

12-14 Exemple Joueurs en l'air retombant pour l'un en touche en tenant le ballon

A1 et B1 sont en l'air et ont les deux mains fermement posées sur le ballon. En retombant sur le terrain de jeu, A1 atterrit avec un pied sur la ligne de touche.

Interprétation : C'est une situation d'entre-deux.

12-15 Exemple Joueur contré et retombant en zone arrière

A1 saute avec le ballon dans les mains depuis sa zone avant et il est légalement contré par B1. Les deux joueurs reviennent alors au sol en ayant l'un et l'autre une ou les deux mains fermement posées sur le ballon. A1 atterrit avec un pied dans sa zone arrière.

Interprétation : C'est une situation d'entre-deux.

12-16 Principe Ballon coincé en cours de jeu

A moins que ce ne soit entre des lancers-francs ou qu'une possession du ballon faisant partie de la sanction de faute fasse suite au dernier lancer-franc, si le ballon se coince entre l'anneau et le panneau, cela constitue une situation d'entre-deux donnant lieu à une remise en jeu de possession alternée. En vertu de la procédure de possession alternée, l'équipe doit avoir :

- 14 secondes sur le chronomètre des tirs si l'équipe en attaque bénéficie de la remise en jeu, ou

- 24 secondes si l'équipe en défense bénéficie de cette remise en jeu.

12-17 Exemple   Ballon coincé sur tir de A1
Pendant un tir au panier de A1, le ballon vient se coincer entre l'anneau et le panneau.
   a) L'équipe A
   b) L'équipe B
… bénéficie de la remise en jeu selon la procédure de possession alternée.
Interprétation : Après la remise en jeu depuis derrière la ligne de fond :
   a) L'équipe A devra avoir 14 secondes sur le chronomètre des tirs.
   b) L'équipe B devra avoir 24 secondes sur le chronomètre des tirs.

12-18 Exemple   Ballon coincé après signal des 24"
Le ballon est en l'air lors d'un tir au panier de A1 quand le signal du chronomètre des tirs retentit, puis le ballon vient se coincer entre l'anneau et le panneau. La flèche de possession alternée est en faveur de l'équipe A.
Interprétation : C'est une situation d'entre-deux. Après la remise en jeu depuis derrière la ligne de fond, l'équipe A devra avoir 14 secondes sur le chronomètre des tirs.

12-19 Exemple   Ballon coincé ou violation sur le dernier lancer-franc d'une faute antisportive
B2 est sanctionné d'une faute antisportive sur A1 pendant son action de tir à 2 points. Au cours du dernier lancer-franc sans alignement :
   (a) Le ballon se coince entre le panneau et l'anneau.
   (b) A1 marche sur la ligne de lancer-franc au moment où il lâche le ballon
   (c) Le ballon manque l'anneau
Interprétation : Dans tous les cas, le lancer-franc est manqué. Le jeu doit reprendre par une remise en jeu pour l'équipe A depuis la ligne de remise en jeu dans sa zone avant. L'équipe A devra avoir 14 secondes sur le chronomètre des tirs.

12–20 Exemple   Ballon coincé sur remise en jeu de début de quart-temps.
Après une remise en jeu de A1 depuis la ligne médiane pour commencer le second quart-temps, le ballon se coince entre l'anneau et le panneau en zone avant de l'équipe A.
Interprétation : C'est une situation d'entre-deux. La direction de la flèche de possession alternée doit être retournée immédiatement en faveur de l'équipe B. Le jeu doit reprendre par une remise en jeu de l'équipe B depuis la ligne de fond. L'équipe B doit avoir 24 secondes sur le chronomètre des tirs.

12–21 Exemple   Ballon coincé sur remise en jeu de faute antisportive en début de quart-temps.
La flèche de possession alternée est en faveur de l'équipe A. Pendant l'intervalle de jeu qui suit le 1er quart-temps, B1 est sanctionné d'une faute antisportive sur A1. A1 doit tenter 2 lancers-francs sans alignement suivi d'une remise en jeu par l'équipe A depuis la ligne de remise en jeu dans sa zone avant. La flèche de possession alternée en faveur de l'équipe A doit rester inchangée. Après la remise en jeu, le ballon se coince entre le panneau et l'anneau en zone avant de l'équipe A. Les arbitres sifflent une situation d'entre-deux.
Interprétation : C'est une situation d'entre-deux. Le jeu doit reprendre par une remise en jeu de possession alternée pour l'équipe A depuis derrière la ligne de fond, mais pas directement derrière le panneau. L'équipe A doit avoir 14 secondes sur le chronomètre des tirs. La direction de la flèche de possession alternée doit être retournée immédiatement dès que l'équipe A a terminé la remise en jeu.

12-22 Principe   Ballon tenu et rudesse excessive
Un ballon tenu se produit lorsqu'un ou plusieurs joueurs d'équipes opposées tiennent suffisamment fermement le ballon d'une ou des deux mains de sorte qu'aucun d'entre eux ne puisse prendre le contrôle du ballon sans faire usage d'une rudesse excessive.

12-23 Exemple   Ballon tenu et marcher quand deux joueurs tiennent le ballon

A1 est engagé dans un mouvement continu vers le panier pour marquer en tenant le ballon à deux mains. B1 pose alors fermement ses mains sur le ballon et A1 fait maintenant plusieurs pas qui l'exposent à une violation de marcher.

Interprétation : C'est une situation d'entre deux.

12-24 Principe   Violation au cours d'une possession alternée

Lorsqu'une équipe commet une violation pendant sa possession alternée, cette équipe perd la remise en jeu de possession alternée.

12-25 Exemple

Avec 4'17'' restant sur le chronomètre de jeu dans un quart-temps pendant une possession alternée :

    (a) A1 qui effectue la remise en jeu met le pied sur le terrain de jeu alors qu'il a le ballon dans les mains

    (b) A2 passe les mains au-dessus de la ligne de touche avant que le ballon soit lancé au-delà de ligne de touche

    (c) A1 qui effectue la remise en jeu met plus de 5 secondes pour relâcher le ballon

Interprétation : Dans tous les cas, c'est une violation de remise en jeu de A1 ou A2. Le jeu doit reprendre par une remise en jeu pour l'équipe B depuis le lieu de la remise en jeu initiale. La direction de la flèche de possession alternée doit être immédiatement inversée en faveur de l'équipe B.

12-26 Principe   Possession alternée sans temps restant au chronomètre des tirs

Quand une situation d'entre-deux se produit sans qu'il reste de temps sur le chronomètre des tirs et avec une possession alternée en faveur de l'équipe A, la procédure de possession alternée ne doit pas être appliquée car c'est une violation du chronomètre des tirs. Par conséquent, le ballon doit être accordé à l'équipe B pour une remise en jeu.

12-27 Exemple

Le ballon est en l'air lors d'un tir raté de A1 lorsque le chronomètre des tirs retentit.

    a) Un ballon tenu est sifflé

    b) Une faute technique est sifflée

La flèche de possession alternée indique l'équipe A.

Interprétation : Dans les 2 cas, dans la mesure où il ne reste plus de temps sur le chronomètre des tirs pour l'équipe A, la procédure de possession alternée ne peut être appliquée. C'est une violation du chronomètre des tirs pour l'équipe A. Le ballon doit être accordé à l'équipe B pour une remise en jeu.

12-28 Exemple

Le ballon est en l'air lors d'un tir raté de A1 lorsque le chronomètre des tirs retentit. Le ballon ne touche pas l'anneau. Puis …

Une faute technique est sifflée contre A1 ou B1.

Un ballon tenu est sifflé.

Interprétation :

N'importe quel joueur de l'équipe A (pour la faute technique de B1) ou de l'équipe B (pour la faute technique de A1) doit tenter 1 lancer-franc sans alignement.

Dans les 2 cas. Le jeu doit reprendre comme suit :

Si la flèche de possession alternée, indique l'équipe A, c'est une violation du chronomètre des tirs par l'équipe A.

Si la flèche est en faveur de l'équipe B, le ballon doit être accordé à l'équipe B pour une remise en jeu depuis sa zone arrière avec 24 secondes sur le chronomètre des tirs.

Article 13 COMMENT JOUER LE BALLON

13-1 Principe Placer le ballon entre ses jambes ou le jouer avec la tête
Pendant la rencontre, le ballon ne doit être joué qu'avec les mains. C'est une violation si un joueur :
- place le ballon entre ses jambes afin de simuler une passe ou un tir
- se sert délibérément de sa tête, son poing ou ses jambes pour jouer le ballon.

13-2 Exemple Coincer le ballon entre ses jambes
A1 termine un dribble. A1 place le ballon entre ses jambes et fait une feinte de passe ou de tir.
Interprétation : C'est un touché illégal du ballon avec la jambe et une violation de pied de A1.

13-3 Exemple Jouer délibérément le ballon de la tête
A1 passe le ballon à A2 qui court en contre-attaque. Avant d'attraper le ballon, A2 touche délibérément le ballon de la tête.
Interprétation : C'est une violation de A2 de jouer illégalement le ballon avec la tête.

13-4 Principe Soulever un partenaire est une violation
Il n'est pas permis d'augmenter la taille d'un joueur ou de le porter. C'est une violation de soulever un partenaire pour jouer le ballon.

13-5 Exemple Soulever un partenaire sous le panier
A1 attrape son partenaire A2 et soulève A2 sous le panier de l'adversaire. A3 passe le ballon à A2 qui smashe alors le ballon dans le panier.
Interprétation : C'est une violation de l'équipe A. Le panier de A2 ne doit pas compter. Le jeu doit reprendre par une remise en jeu pour l'équipe B depuis le prolongement de la ligne des lancers-francs dans sa zone arrière.

Article 14 CONTROLE DU BALLON

14-1 Principe Début du contrôle du ballon

Le contrôle du ballon par l'équipe commence quand un joueur de cette équipe contrôle le ballon vivant en le tenant ou en le dribblant, ou qu'il a un ballon vivant à sa disposition pour une remise en jeu ou un lancer-franc.

14-2 Exemple Retarder la prise de possession du ballon
Selon le jugement d'un arbitre, indépendamment du fait que le chronomètre de jeu soit arrêté ou pas, un joueur retarde délibérément le processus de reprise du ballon avant une remise en jeu ou d'un lancer-franc.
Interprétation : le ballon devient vivant et le contrôle du ballon par l'équipe commence lorsque l'arbitre place le ballon sur le terrain de jeu près du lieu de la remise en jeu ou sur le terrain de jeu à la ligne de lancer-franc.

14-3 Exemple Contrôle du ballon sur tentative de sauver un ballon d'une sortie
L'équipe A a eu le contrôle du ballon pendant 15 secondes. A1 passe le ballon à A2 et le ballon passe au-delà de la ligne de touche. B1 est encore en l'air quand :
(a) Il tape le ballon avec une ou les deux main(s),
(b) Il attrape le ballon à deux mains ou le ballon vient reposer dans une de ses mains

… et le ballon est renvoyé dans le terrain de jeu, attrapé par A2.

Interprétation :
(a) L'équipe A reste en contrôle du ballon. L'équipe A doit conserver le temps restant sur le chronomètre des tirs.
(b) B1 avait gagné le contrôle du ballon pour l'équipe B. A2 a gagné à son tour le contrôle du ballon pour l'équipe A. L'équipe A doit avoir 24 nouvelles secondes sur le chronomètre des tirs.

Article 15 JOUEUR EN ACTION DE TIR

15-1   Principe   Commencement de l'action de tir
L'action de tir commence quand le tireur, selon le jugement d'un arbitre, commence un mouvement du ballon vers le haut en direction du panier de l'adversaire.

15-2   Exemple   Faute avant le tir après un arrêt simultané
A1 s'engage en dribble vers le panier et fait un arrêt simultané en posant ses deux pieds sur le terrain de jeu sans avoir commencé de mouvement du ballon vers le haut. A ce moment précis, B1 est sanctionné d'une faute sur A1.
Interprétation :
La faute de B1 n'est pas commise sur un joueur en action de tir car A1 n'a pas encore commencé de mouvement du ballon vers le haut en direction du panier.

15-3   Principe   Commencement de l'action de tir
L'action de tir sur un mouvement continu à l'occasion d'une pénétration vers le panier commence quand le ballon vient reposer dans les mains du joueur à la fin du dribble ou lorsqu'il attrape le ballon en l'air, et que le joueur commence, selon le jugement de l'arbitre, le mouvement de tir au panier qui précède le lâcher du ballon.

15-4   Exemple   Commencement de l'action de tir sur drive
A1 drive vers le panier, termine son dribble avec le ballon dans les mains et commence son mouvement de tir. A ce moment, B1 est sanctionné d'une faute sur A1.
Interprétation :
La faute de B1 est commise sur un joueur en action de tir.

15-5   Exemple   Commencement de l'action de tir sur tir à 3 points
A1 saute en l'air et relâche le ballon pour tenter un tir à 3 points. A1 est toujours en l'air, lorsque B1 est sanctionné d'une faute sur A1, alors que les pieds de A1 ne sont pas revenus sur le terrain de jeu. Le ballon ne pénètre pas dans le panier.
Interprétation :
A1 reste en action de tir tant que ses deux pieds ne sont pas revenus sur le terrain de jeu. A1 doit tenter 3 lancers-francs. Le jeu doit reprendre comme après n'importe quel lancer-franc.

15-6   Exemple   Faute offensive avec ballon en main pendant l'action de tir
A1 commet une faute sur B1 alors que A1 tient le ballon dans sa zone avant. C'est une faute de l'équipe qui contrôle le ballon. Dans son mouvement continu vers l'avant, A1 lance le ballon dans le panier.
Interprétation :
Le panier de A1 ne doit pas compter. Une remise en jeu depuis le prolongement de la ligne de lancers-francs est accordée à l'équipe B.

15-7   Exemple   Ballon échappant provisoirement des mains après une faute sur tir
B1 commet une faute sur A1 qui est en action de tir. A cause de la faute, le ballon échappe provisoirement des mains de A1 qui le récupère des deux mains puis marque un panier.
Interprétation :

La faute de B1 est commise sur un joueur en action de tir. Quand le ballon échappe provisoirement des mains de A1, A1 reste encore en contrôle du ballon et son action de tir continue. Le panier doit compter. A1 doit tenter 1 lancer-franc. Le jeu reprendra comme après n'importe quel dernier lancer-franc.

15-8   Principe   Joueur en action de tir victime d'une faute et passant le ballon
Quand un joueur en action de tir est victime d'une faute et qu'après avoir subi la faute il passe ensuite le ballon, il n'est plus en action de tir.

15-9   Exemple   Passe après faute sur action de tir
B1 est sanctionné d'une faute sur A1 qui est en action de tir. C'est la 3ème faute de l'équipe B dans le quart-temps. Après la faute, A1 passe le ballon à A2.
Interprétation : Quand A1 passe le ballon à A2, l'action de tir se termine. Le jeu doit reprendre par une remise en jeu au plus près de l'endroit où la faute s'est produite.

15-10 Principe   Joueur en action de tir victime d'une faute et commettant ensuite un marcher avant de marquer
Quand un joueur en action de tir est victime d'une faute et qu'après avoir subi la faute ce joueur réussit un panier après avoir commis une violation de marcher, le panier ne doit pas compter et 2 ou 3 lancers-francs doivent être accordés.

15-11 Exemple   Marcher après une faute sur tir
A1 avec le ballon en main s'engage en dribble vers le panier pour tenter un tir à 2 points. A1 est victime d'une faute de B1, après quoi A1 commet une violation de marcher. Le ballon pénètre dans le panier.
Interprétation : Le panier de A1 ne doit pas compter. 2 lancers-francs doivent être accordés à A1.

Article 16 PANIER REUSSI ET SA VALEUR

16-1   Principe   Valeur d'un tir contré
La valeur d'un panier est définie par l'endroit sur le terrain de jeu d'où a été lâché le ballon lors d'un tir. Un tir lâché depuis la zone à 2 points compte 2 points, un tir lâché depuis la zone de tir à 3 points compte 3 points. Un panier est crédité au profit de l'équipe attaquant le panier de l'adversaire dans lequel le ballon est rentré.

16-2   Exemple   Valeur d'un tir à 3 point contré dans la zone à 2 points
A1 lâche le ballon sur un tir depuis la zone de tir à 3 points. Le ballon est légalement touché dans sa phase montante par n'importe quel joueur qui se trouve dans la zone de tir à 2 points de l'équipe A. Le ballon pénètre dans le panier.
Interprétation : Un panier à 3 points doit être accordé à l'équipe A puisque A1 a lâché le ballon lors de son tir depuis sa zone de tir à 3 points.

16-3   Exemple   Valeur d'un tir à 2 point contré depuis la zone à 3 points
A1 lâche le ballon sur un tir depuis la zone de tir à 2 points. Le ballon est légalement touché dans sa phase montante par B1 qui a sauté depuis la zone de tir à 3 points de l'équipe A. Le ballon pénètre dans le panier.
Interprétation : L'équipe A doit être créditée d'un panier à 2 points car A1 a lâché le ballon lors de son tir depuis sa zone de tir à 2 points.

16-4   Exemple   Marquer contre son camp en début de quart-temps quand la défense est en place du bon côté
Au début d'un quart-temps, l'équipe A défend son propre panier quand B1 dribble par erreur vers son propre panier et marque ce panier.
Interprétation : 2 points doivent être accordés au capitaine sur le terrain de l'équipe A

16-5   Principe   Cas particuliers de la valeur d'un panier

Si le ballon entre dans le panier de l'adversaire, la valeur du panier est définie par l'endroit d'où le ballon a été lâché sur le terrain de jeu. Le ballon peut entrer directement ou indirectement dans le panier, ou lors d'une passe le ballon peut avoir été dévié par n'importe quel joueur ou bien rebondir sur le terrain de jeu avant de pénétrer dans le panier.

16-6   Exemple   Valeur du panier si le ballon entre dans le panier lors d'une passe déviée ou un rebond au sol

A1 fait une passe depuis sa zone de tir à 3 points.
   (a) Le ballon pénètre directement dans le panier
   (b) Le ballon est touché par n'importe quel joueur dans la zone à 2 ou 3 points avant de pénétrer dans le panier.

Interprétation :

Dans tous les cas, 3 points doivent être accordés à A1 dans la mesure où sa passe a été lâchée depuis la zone de tir à 3 points.

16-7   Exemple   Valeur du panier si lors d'un tir le ballon entre dans le panier après un rebond au sol

A1 tente un tir à 3 points. Après que le ballon a quitté les mains de A1, le ballon rebondit au sol dans la zone de tir à 2 points. Le ballon pénètre ensuite dans le panier.

Interprétation : 3 points doivent être accordés à A1 dans la mesure où sa passe a été lâchée depuis la zone de tir à 3 points.

16-8   Exemple   Valeur du panier si le ballon entre dans le panier après un rebond au sol après une faute sur tir

B1 commet une faute sur A1 qui est en action de tir à 3 points. Le ballon rebondit sur le terrain de jeu et pénètre ensuite dans le panier.

Interprétation Le panier de A1 ne doit pas compter. Une tentative de tir se termine quand le ballon touche le terrain de jeu. Après qu'un arbitre a sifflé et qu'il n'y a plus de tentative de tir au panier, le ballon devient mort immédiatement. A1 doit tirer 3 lancers-francs.

16-9   Exemple   Valeur du panier si le ballon entre directement dans le panier après un rebond au sol qui suit le buzzer de fin de quart-temps

A1 tente un tir à 3 points. Après que le ballon a quitté les mains de A1, le signal sonore de fin de quart-temps retentit. Le ballon rebondit sur le terrain de jeu et pénètre ensuite dans le panier.

Interprétation :

Le panier de A1 ne doit pas compter. Une tentative de tir se termine quand le ballon touche le sol. Dès que la tentative de tir est terminée, le ballon devient mort dès que le chronomètre de jeu retentit pour la fin du quart-temps.

16-10   Principe   Tir alors qu'il reste 0,3 secondes ou plus à jouer dans le quart-temps

Lors d'une situation de remise en jeu ou de rebond après le dernier ou unique tir de lancer-franc, il y a toujours une période qui s'écoule entre le moment où un joueur touche le ballon sur le terrain et celui où ce joueur relâchera le ballon sur un tir. Ceci à prendre particulièrement en compte en toute fin de quart-temps ou de prolongation. Il doit y avoir un minimum de temps disponible pour qu'un tel tir ait lieu avant que le temps de jeu expire.

- Si 0,3 seconde est affiché sur le chronomètre de jeu ou sur le chronomètre des tirs, il est du devoir des arbitres de juger si le tireur a lâché ou non le ballon avant que le signal du chronomètre de jeu ou du chronomètre des tirs ait retenti pour signaler la fin d'une période de tir, d'un quart-temps ou d'une prolongation.

- Si 0,2 seconde ou 0,1 seconde sont affichées sur le chronomètre de jeu ou sur le chronomètre des tirs, le seul type de panier qui puisse être validé est celui marqué d'une claquette ou d'un smash direct par un joueur, pour autant que le ballon n'est plus en contact avec la main du tireur quand le chronomètre de jeu ou des tirs indique 0,0.

16-11 Exemple   Remise en jeu avec 0,3" à jouer ou moins

L'équipe A doit bénéficier d'une remise en jeu avec :
(a) 0.3 seconde,
(b) 0.2 ou 0.1 seconde,
… affiché sur le chronomètre de jeu ou sur le chronomètre des tirs.

Interprétation :

Les arbitres doivent s'assurer que les temps restant sont correctement affichés sur les différents chronomètres.

(a) Si pendant une tentative de tir au panier le signal du chronomètre de jeu ou du chronomètre des tirs retentit pour annoncer la fin d'une période de tir, d'un quart-temps ou d'une prolongation, il est de la responsabilité des arbitres de déterminer si le ballon a quitté les mains du tireur avant que le signal de fin de quart-temps ou de prolongation ou du chronomètre des tirs ait retenti.
(b) Un panier peut être accordé uniquement si le ballon, en l'air sur la passe de remise en jeu, est tapé (claquette) ou smashé directement dans le panier.

16-12 Exemple   Smash au buzzer

A la fin d'un quart-temps, A1 smashe directement le ballon dans le panier. Le ballon est toujours dans les mains de A1 quand le chronomètre de jeu indique 0,0 secondes.

Interprétation :

Le panier ne doit pas compter. Le ballon est toujours en contact avec les mains de A1 quand le signal sonore indique la fin du quart-temps.

16-13 Principe   Arrêt du chrono après panier marqué (2 dernières minutes ou sur temps mort):

Un panier du terrain est marqué quand le ballon entre dans le panier par le dessus et reste dedans ou le traverse complètement.
Quand :
   a) Une équipe en défense demande un temps-mort à n'importe quel moment du match et un panier est alors marqué, …. ou
   b) Le chronomètre de jeu indique 2:00 minutes ou moins dans le 4ème quart-temps ou une prolongation, …
… le chronomètre de jeu doit être arrêté quand le ballon reste dans le panier ou qu'il a entièrement traversé le panier comme l'indique la figure 1 ci-dessous

Arrêt du chronomètre de jeu

Figure 2 : Un panier est marqué

16-14 Exemple Violation si un défenseur touche le ballon partiellement dans le panier

Avec 2'12'' sur le chronomètre de jeu dans le 4ème quart-temps, A1 marque un panier, le ballon passant au travers du panier. Avec 2'00'' au chronomètre de jeu, B1 est prêt à effectuer la remise en jeu.
Interprétation :
Le panier a été marqué avec plus de 2'00 sur le chronomètre de jeu. Le chronomètre de jeu ne doit pas être arrêté.

Article 17 REMISE EN JEU

17-1 Principe Franchissement de la ligne par le défenseur sur remise en jeu

Pendant une remise en jeu, aucun autre joueur que celui effectuant la remise en jeu ne doit avoir une partie quelconque de son corps au-dessus de la ligne de touche.

Avant que le joueur effectuant la remise en jeu ait relâché le ballon lors de la remise en jeu, il est possible que le mouvement de lancer fasse que les mains du joueur dépassent le plan vertical de la ligne de touche séparant les zones intérieures et extérieures du terrain de jeu. Dans de telles situations, il est toujours de la responsabilité du joueur défenseur d'éviter d'intervenir sur la remise en jeu en touchant le ballon lorsqu'il est encore entre les mains du joueur effectuant la remise en jeu.

17-2 Exemple : Violation sur REJ en zone arrière : réglage des 24'' sur nouvelle remise en jeu

Avec 4'37'' restant sur le chronomètre de jeu dans le 3ème quart-temps, l'équipe A bénéficie d'une remise en jeu dans sa zone arrière. Alors que A1 détient le ballon :
a) A1 qui effectue la remise en jeu passe les mains au-dessus de la ligne de touche de sorte que le ballon se trouve au-dessus de la zone intérieure du terrain de jeu. B1 attrape le ballon qui se trouve dans les mains de A1 ou le chasse des mains de A1 sans contact physique avec A1.
b) B1 déplace ses mains au-dessus de la ligne de touche pour stopper la passe de A1 qui effectue la remise en jeu vers A2 situé sur le terrain de jeu.

Interprétation : Dans les 2 cas, B1 a interféré sur la remise en jeu et il a de ce fait retardé la reprise du jeu. L'arbitre doit siffler une violation de retard de jeu. De plus, un avertissement verbal doit être donné à B1 et être aussi communiqué à l'entraîneur principal B. Cet avertissement doit s'appliquer à tous les joueurs de l'équipe B pour le restant de la rencontre. Toute répétition d'action similaire par n'importe quel joueur de l'équipe B peut entraîner une faute technique. La remise en jeu de l'équipe A doit être recommencée. L'équipe A doit bénéficier de 24 secondes au chronomètre des tirs.

17-3 Exemple Violation sur REJ en zone avant : réglage des 24'' sur nouvelle remise en jeu

Dans le 3ème quart-temps, l'équipe A bénéficie d'une remise en jeu dans sa zone avant. Alors qu'A1 a toujours le ballon dans les mains, B1 passe les mains au-dessus de la ligne de touche avec :
a) 7 secondes sur le chronomètre des tirs
b) 17 secondes sur le chronomètre des tirs

Interprétation : Violation de remise en jeu de B1. De plus un avertissement verbal doit être donné à B1 et communiqué également à l'entraineur principal de l'équipe B. Toute répétition d'action similaire par n'importe quel joueur de l'équipe B pourra être sanctionné d'une faute technique. La remise en jeu par l'équipe A doit être recommencée. L'équipe A doit bénéficier d'une nouvelle remise en jeu. L'équipe A doit avoir :
a) 14 secondes sur le chronomètre des tirs.
b) 17 secondes sur le chronomètre des tirs.

17-4 Principe Franchissement de la ligne de touche dans les 2 dernières minutes après signal d'avertissement

Quand le chronomètre de jeu indique 2'00'' ou moins dans le quatrième quart-temps et dans chaque prolongation sur une remise en jeu, le joueur de l'équipe en défense ne doit passer aucune partie de son corps au-dessus de la ligne de touche pour intervenir sur le ballon.

17-5   Exemple :   Franchissement illégal de la ligne de touche après un avertissement
Avec 54 secondes sur le chronomètre de jeu dans le quatrième quart-temps, l'équipe A doit bénéficier d'une remise en jeu. Avant de donner le ballon au joueur effectuant la remise en jeu, l'arbitre montre le geste d'avertissement de dépassement illégal de la ligne de touche. Après cela, B1 déplace son corps vers A1 au-delà de la ligne de touche avant que le ballon soit remis en jeu et franchisse la ligne de touche.
Interprétation : B1 doit être sanctionné d'une faute technique.

17-6   Exemple : Oubli du geste d'avertissement de dépassement illégal de la ligne dans les deux dernières minutes de la rencontre
Avec 51 secondes sur le chronomètre de jeu dans le quatrième quart-temps, l'équipe A doit bénéficier d'une remise en jeu. Avant de donner le ballon au joueur effectuant la remise en jeu, l'arbitre ne montre pas le geste d'avertissement de dépassement illégal de la ligne de touche. B1 passe les mains au-dessus de la ligne de touche en direction de A1 avant que le ballon soit remis en jeu et franchisse la ligne de touche.
Interprétation : Comme l'arbitre n'a pas montré le geste d'avertissement de « franchissement illégal de la ligne de touche » à B1 avant de remettre le ballon à A1 l'arbitre doit siffler et donner maintenant un avertissement à B1. Cet avertissement doit aussi être communiqué à l'entraineur principal de l'équipe B. Il doit s'appliquer à l'ensemble des membres de l'équipe B. Toute répétition d'action similaire devra alors être sanctionnée d'une faute technique. La remise en jeu doit être recommencée, et les arbitres doivent montrer le geste d'avertissement de « franchissement illégal de la ligne de touche ».

17-7   Principe   Remise en jeu effectuée de main à main
Lors d'une remise en jeu, le joueur effectuant la remise en jeu doit passer le ballon (mais pas le donner de main à main) à un coéquipier sur le terrain de jeu.

17-8   Exemple :   Remise en jeu de main à main
Le joueur A1 qui effectue la remise en jeu remet le ballon de main à main à A2 qui est sur le terrain de jeu.
Interprétation : C'est une violation de remise en jeu de A1. Le ballon doit quitter les mains de A1 sur la remise en jeu. Une remise en jeu doit être accordée à l'équipe B depuis l'endroit de la remise en jeu initiale.

17-9   Principe   Personne ne peut passer la ligne sur une remise en jeu
Pendant une remise en jeu, le(s) autre(s) joueur(s) ne doivent avoir aucune partie de leur corps au-dessus de la ligne de touche avant que le ballon ait été passé sur le terrain de jeu.

17-10   Exemple   Permutation de joueur interdite pour effectuer la remise en jeu
Après une infraction, A1 reçoit le ballon de l'arbitre pour effectuer la remise en jeu et :
(a) A1 place le ballon au sol après quoi A2 reprend le ballon.
(b) A1 remet le ballon de main à main à A2 dans la zone extérieure du terrain
Interprétation :

Dans les deux cas, c'est une violation de A2 dans la mesure où son corps a franchi la verticale de la ligne de touche avant qu'A1 ait passé le ballon et que celui-ci ait franchi la verticale de la ligne de touche.

17-11   Exemple   Permutation autorisée pour remise en jeu sur panier marqué
Après un panier réussi par l'équipe A ou un dernier lancer-franc réussi, un temps-mort est accordé à l'équipe B. A la suite du temps-mort, B1 reçoit le ballon de l'arbitre pour effectuer la remise en jeu en ligne de fond

(a) B1 place le ballon au sol après quoi B2, qui se trouve également derrière la ligne de fond, s'empare du ballon.

(b) B1 remet le ballon de main à main à B2 qui se trouve également derrière la ligne de fond.

Interprétation : Action légale dans les 2 cas. Après un panier marqué ou un lancer-franc réussi, la seule restriction pour l'équipe B réside dans le fait que ses joueurs doivent passer le ballon sur le terrain dans le délai de 5 secondes.

17-12 Principe   Choix de lieu de remise en jeu si temps-mort dans les deux dernières minutes

Si un temps-mort est accordé à une équipe qui bénéfice de la possession du ballon depuis sa zone arrière alors que le chronomètre de jeu indique 2'00" ou moins dans le 4ème quart-temps ou dans chaque prolongation, l'entraineur principal, après le temps-mort, a le droit de décider si la remise en jeu sera administrée depuis la ligne de remise en jeu dans la zone avant de son équipe, ou depuis la zone arrière de son équipe.

Après que l'entraineur principal a pris sa décision, celle-ci est définitive et irrévocable. Toute requête ultérieure de l'un ou l'autre entraineur principal après des temps-morts supplémentaires accordés au cours de la même période d'arrêt du chronomètre de jeu ne doit pas conduire à un changement de la décision initiale.

Après un temps-mort faisant suite à une faute antisportive ou une faute disqualifiante, ou à une situation de bagarre, le jeu doit reprendre par une remise en jeu depuis la ligne de remise en jeu dans la zone avant de l'équipe l'effectuant.

17-13 Exemple   Choix de lieu de remise en jeu si temps-mort dans les deux dernières minutes

Avec 35 secondes sur le chronomètre de jeu dans le quatrième quart-temps, A1 dribble dans sa zone arrière quand un joueur de l'équipe B tape le ballon en dehors des limites du terrain au niveau de la ligne des lancers francs prolongé. Un temps-mort est accordé à l'équipe A.

Interprétation : Après le temps mort, le Crew Chief doit demander à l'entraineur principal A quelle est sa décision sur l'endroit d'où doit être administrée la remise en jeu. L'entraineur principal doit annoncer à voix haute « zone avant » ou « zone arrière » (frontcourt » ou backcourt » en anglais) et doit indiquer en même temps de la main l'endroit d'où la remise en jeu doit être administrée (dans sa zone avant ou dans sa zone arrière). La décision de l'entraîneur est finale et irrévocable. Le Crew Chief doit alors informer l'entraineur principal B de la décision de l'entraîneur principal A.

Le jeu devra reprendre par une remise en jeu de l'équipe A, mais seulement quand la position des joueurs des 2 équipes indiquera clairement qu'ils ont compris d'où le jeu reprendra.

17-14 Exemple   Ballon hors limite et temps-mort dans les deux dernières minutes

Avec 44 secondes sur le chronomètre de jeu dans le quatrième quart-temps et avec 17 secondes sur le chronomètre des tirs, A1 dribble dans sa zone arrière lorsqu'un joueur de l'équipe B tape le ballon hors des limites du terrain de jeu dans le prolongement de la ligne de lancer-franc. A la suite de cela :

    a) Un temps-mort est accordé à l'équipe B,

    b) Un temps-mort est accordé à l'équipe A,

    c) Un temps-mort est accordé d'abord à l'équipe B et immédiatement après à l'équipe A (ou vice versa).

Interprétation :

    a) Le jeu doit reprendre par la remise en jeu de l'équipe A dans le prolongement de la ligne de lancer-franc de sa zone arrière, avec 17 secondes sur le chronomètre des tirs.

    b) et c) :

        a) Si l'entraineur principal A décide que le jeu doit reprendre par une remise en jeu depuis sa zone avant. L'équipe A devra avoir 14 secondes sur le chronomètre des tirs.

        b) Si l'entraineur principal A décide que le jeu doit reprendre par une remise en jeu depuis sa zone arrière, L'équipe A devra avoir 17 secondes sur le chronomètre des tirs.

17-15 Exemple   Violation sur LF puis temps-mort dans les deux dernières minutes

Avec 57 secondes sur le chronomètre de jeu dans le 4ème quart-temps, A1 tente 2 lancers-francs. Pendant son 2ème lancer-franc, A1 met le pied sur la ligne de lancer-franc et une violation est sifflée. Un temps-mort est accordé à l'équipe B.

Interprétation : Après le temps-mort de l'équipe B, si l'entraineur principal B décide que le jeu reprendra par :
- a) Une remise jeu depuis la ligne de remise en jeu de sa zone avant, l'équipe B doit avoir 14 secondes sur le chronomètre des tirs.
- b) Une remise jeu depuis sa zone arrière, l'équipe B doit avoir 24 secondes sur le chronomètre des tirs.

17-16 Exemple   24" en cas de faute ou ballon hors limite suivi d'un temps-mort dans les 2 dernières minutes et 24"

Avec 26 secondes sur le chronomètre de jeu dans le 4ème quart-temps, A1 dribble depuis 6 secondes dans sa zone arrière, lorsque :
(a) B1 frappe le ballon hors des limites du terrain,
(b) B1 est sanctionné de la 3ème faute de l'équipe B dans ce quart-temps.
Un temps-mort est alors accordé à l'équipe A.

Interprétation : Après le temps-mort :
- c) Si l'entraineur principal A décide de reprendre le jeu par une remise jeu depuis la ligne de remise en jeu depuis sa zone avant, dans les 2 cas l'équipe A doit avoir 14 secondes sur le chronomètre des tirs.
- d) Si l'entraineur principal A décide de reprendre le jeu par une remise jeu depuis sa zone arrière, l'équipe A doit avoir :
  - a) 18 secondes
  - b) 24 secondes
  - … sur le chronomètre des tirs.

17-17 Exemple   Ballon hors limite suivi d'un temps-mort lors des 2 dernières minutes et 24"

Avec 1'24" restant sur le chronomètre de jeu dans le 4ème quart-temps, A1 dribble dans sa zone avant quand B1 tape le ballon vers la zone arrière de l'équipe A où un joueur de l'équipe A commence un nouveau dribble. B2 tape alors le ballon et l'envoie hors du terrain dans la zone arrière de l'équipe A avec :
- a) 6 secondes
- b) 17 secondes
- … sur le chronomètre des tirs. Un temps-mort est accordé à l'équipe A.

Interprétation :
Après le temps-mort,
- e) Si l'entraineur principal A décide de reprendre le jeu par une remise jeu depuis la ligne de remise en jeu de sa zone avant, l'équipe A doit avoir :
  - a) 6 secondes
  - b) 14 secondes
  - … sur le chronomètre des tirs
- f) Si l'entraineur principal A décide de reprendre le jeu par une remise jeu depuis la zone arrière de son équipe, l'équipe A doit avoir :
  - a) 6 secondes
  - b) 17 secondes
  - … sur le chronomètre des tirs.

17-18 Exemple   Faute et temps-mort lors des 2 dernières minutes et 24"

Avec 0'48" sur le chronomètre de jeu dans le 4ème quart-temps, A1 dribble dans sa zone avant quand B1 tape le ballon vers la zone arrière de l'équipe A où A2 commence un nouveau dribble. B2 est alors sanctionné d'une faute sur A2. C'est la 3ème faute de l'équipe B dans ce quart-temps. Il reste :

a) 6 secondes
b) 17 secondes
… sur le chronomètre des tirs. Un temps-mort est accordé à l'équipe A.

Interprétation :
Dans les 2 cas, si après le temps-mort l'entraineur principal A décide de reprendre le jeu par une remise jeu depuis la ligne de remise en jeu de sa zone avant, l'équipe A devra avoir 14 secondes sur le chronomètre des tirs. S'il décide que la remise en jeu doit se faire en zone arrière, l'équipe A devra avoir 24 secondes sur le chronomètre des tirs.

17-19 Exemple   Lieu de remise en jeu et réglage des 24" en cas temps-mort après bagarre de joueurs dans les 2 dernières minutes,
Avec 1'32" sur le chronomètre de jeu dans le 4ème quart-temps, l'équipe A est en contrôle du ballon depuis 5 secondes en zone arrière quand A1 et B1 sont disqualifiés pour s'être frappés l'un l'autre. Les sanctions des fautes disqualifiantes de A1 et B1 s'annulent l'une l'autre. Avant l'administration de la remise en jeu, l'équipe A se voit accorder un temps-mort.

Interprétation :
Les sanctions de fautes disqualifiantes devront s'annuler l'une l'autre. A la suite du temps-mort, le jeu doit reprendre par une remise en jeu pour l'équipe A depuis sa zone arrière. Cependant, à la suite du temps-mort :
g) Si l'entraineur principal A décide de reprendre le jeu par une remise jeu depuis la ligne de remise en jeu de sa zone avant, l'équipe A devra avoir14 secondes sur le chronomètre des tirs.
h) Si l'entraineur principal A décide de reprendre le jeu par une remise jeu depuis sa zone arrière, l'équipe A devra avoir 19 secondes sur le chronomètre des tirs.

17-20 Exemple   Lieu de remise en jeu et réglage des 24'' en cas temps-mort après bagarre de remplaçants dans les 2 dernières minutes
Avec 1'29" sur le chronomètre de jeu dans le 4ème quart-temps et 19 secondes sur le chronomètre des tirs, l'équipe A est en contrôle du ballon dans sa zone avant quand A6 et B6 sont disqualifiés pour être entrés sur le terrain de jeu pendant une situation de bagarre. L'équipe A obtient un temps-mort.

Interprétation :
Les sanctions de fautes disqualifiantes s'annulent l'une l'autre. A la suite du temps-mort, le jeu doit reprendre par une remise jeu de l'équipe A au point le plus proche de celui où était le ballon au moment où la bagarre a commencé. L'équipe A doit avoir 19 secondes sur le chronomètre des tirs.

17-21 Exemple   Temps-morts successifs et lieu de remise en jeu dans les 2 dernières minutes
Avec 1'18" sur le chronomètre de jeu dans le 4ème quart-temps, l'équipe A bénéficie d'une remise en jeu en zone arrière. Avant l'administration de la remise en jeu, l'entraineur principal A obtient un temps-mort.
A la fin du temps-mort, l'entraineur principal A décide de reprendre le jeu par une remise jeu depuis la ligne de remise en jeu en zone avant. Avant l'administration de la remise en jeu, l'entraineur principal B demande à son tour un temps-mort.

Interprétation : la décision initiale de l'entraineur principal A de reprendre le jeu par une remise jeu depuis la ligne de remise en jeu de sa zone avant est définitive et irréversible au cours de la même période d'arrêt du chronomètre de jeu. Ceci est également valable si l'entraineur principal A demande un second temps-mort.

17-22 Principe   Violation sur remise en jeu de début de quart-temps et de prolongation
Au début de tous les quart-temps, autre que celui du premier quart-temps, et au commencement de chaque prolongation, une remise en jeu doit être administrée dans le prolongement de la ligne médiane à l'opposé de la table de marque.
Le joueur effectuant la remise en jeu doit placer un pied de chaque côté du prolongement de la ligne médiane. Si le joueur effectuant la remise en jeu commet une violation, la remise en jeu qui suivra devra être administrée également dans le prolongement de la ligne médiane à l'opposé de la table de marque.

Cependant, si une infraction est commise sur le terrain de jeu, directement sur la ligne médiane, la remise en jeu devra être administrée depuis la zone avant au point le plus proche de la ligne médiane.

17-23 Exemple   Violation de remise en jeu de début de quart-temps
Au commencement d'un quart-temps, le joueur A1 effectuant la remise en jeu dans le prolongement de la ligne médiane commet une violation.
Interprétation : Le jeu doit reprendre par une remise en jeu pour l'équipe B depuis l'endroit de la remise en jeu initiale sur la ligne médiane, avec 10 :00 au chronomètre de jeu et 24 secondes sur le chronomètre des tirs. Le joueur effectuant la remise en jeu est autorisé à passer le ballon à un partenaire situé à n'importe quel endroit sur le terrain de jeu. La direction de la flèche de possession alternée doit être retournée en faveur de l'équipe B.

17-24 Exemple   Violation de sortie du ballon, touché après remise en jeu de début de quart-temps
Au commencement d'un quart-temps, le joueur A1 qui effectue la remise en jeu dans le prolongement de la ligne médiane à l'opposé de la table de marque passe le ballon à A2 qui touche le ballon avant qu'il sorte des limites du terrain de jeu :
    a) En zone arrière de l'équipe A.
    b) En zone avant de l'équipe A
Interprétation : Le jeu reprendra par une remise en jeu de l'équipe B au plus près de l'endroit où le ballon est sorti :
    a) En zone avant avec 14 secondes sur le chronomètre des tirs.
    b) En zone arrière avec 24 secondes sur le chronomètre des tirs
La remise en jeu de l'équipe A se termine quand A2 touche le ballon. La direction de la flèche de possession alternée doit être retournée en faveur de l'équipe B

17-25 Exemple   Lieu de remise en jeu en cas de violation ou faute sur le terrain au niveau de la ligne médiane
Les infractions suivantes peuvent se produire au niveau de la ligne médiane sur le terrain de jeu :
    a) A1 fait sortir le ballon au niveau de la ligne médiane.
    b) A1 est sanctionné d'une faute de l'équipe qui contrôle le ballon au niveau de la ligne médiane.
    c) A1 commet une violation de marcher au niveau de la ligne médiane.
Interprétation : Dans tous les cas, le jeu doit reprendre par une remise en jeu de l'équipe B dans sa zone avant depuis le point le plus proche de la ligne médiane. L'équipe B doit avoir 14 secondes sur le chronomètre des tirs.

17-26 Principe   Remise en jeu en zone avant après toute faute antisportive ou disqualifiante
Une remise en jeu résultant d'une faute antisportive ou d'une faute disqualifiante doit toujours être administrée depuis la ligne de remise en jeu dans la zone avant de l'équipe qui l'effectue.

17-27 Exemple   Remise en jeu en zone avant après une faute antisportive pendant un intervalle
A1 est sanctionné d'une faute antisportive sur B1 pendant l'intervalle de jeu entre le 1er et le 2ème quart-temps.
Interprétation : Avant le début du second quart-temps, B1 doit tirer 2 lancers-francs sans alignement. Le jeu doit reprendre par une remise en jeu de l'équipe B depuis la ligne de remise en jeu en zone avant de l'équipe B. L'équipe B doit avoir 14 secondes sur le chronomètre des tirs. La direction de la flèche de possession alternée doit rester inchangée.

17-28 Principe   **Evénements particuliers sur remise en jeu**

Lors d'une remise en jeu, les situations suivantes peuvent se produire :

(a) Une passe est faite par-dessus le panier et un joueur de l'une ou de l'autre équipe touche le ballon en passant la main à travers le panier. C'est une violation d'intervention illégale.

(b) Le ballon se coince entre l'anneau et le panneau. C'est une situation d'entre deux.

17-29 Exemple   **Intervenir sur la remise en jeu en passant la main dans le panier**

En effectuant la remise en jeu, le joueur A1 passe le ballon par-dessus le panier lorsque le ballon est touché par un des joueurs de l'une ou de l'autre des deux équipes dont la main passe à travers le panier.

Interprétation : C'est une violation d'interférence. Le jeu doit reprendre par une remise en jeu par les adversaires depuis le prolongement de la ligne de lancer-franc. Si l'équipe en défense a commis la violation, aucun point ne peut être accordé à l'équipe attaquante puisque le ballon a été passé depuis l'extérieur du terrain.

17-30 Exemple   **Remise en jeu, ballon coincé et 14/24 "**

Le joueur A1 effectuant la remise en jeu passe le ballon en direction du panier de l'équipe B. Le ballon se coince entre l'anneau et le panneau.

Interprétation :

C'est une situation d'entre deux. Le jeu doit reprendre selon la procédure de possession alternée.

- Si l'équipe A bénéficie de la remise en jeu, le jeu reprendra par une remise en jeu de l'équipe A depuis derrière la ligne de fond à proximité du panneau, mais pas directement dessous. L'équipe A doit avoir 14 secondes sur le chronomètre des tirs.
- Si l'équipe B bénéficie de la remise en jeu, le jeu reprendra par une remise en jeu de l'équipe B depuis derrière la ligne de fond à proximité du panneau, mais pas directement dessous. L'équipe B doit avoir 24 secondes sur le chronomètre des tirs.

17-31 Principe   **Faire rebondir le ballon sur une remise en jeu**

Après que le ballon a été mis à la disposition du joueur effectuant la remise en jeu, ce joueur ne peut pas faire rebondir le ballon de sorte que le ballon touche l'intérieur des limites du terrain et que le joueur effectuant la remise en jeu le retouche avant qu'il ne touche ou n'ait été touché par un autre joueur sur le terrain de jeu.

17-32 Exemple   **Faire rebondir le ballon lors d'une remise en jeu**

A1, qui effectue une remise en jeu, fait rebondir le ballon qui touche :

(a) La zone intérieure du terrain,

(b) La zone extérieure du terrain,

… puis A1 attrape à nouveau le ballon.

Interprétation :

(a) C'est une violation de remise en jeu de A1. Après que le ballon a quitté les mains de A1, et que le ballon a touché l'intérieur du terrain, A1 ne doit plus toucher le ballon avant que celui-ci ait été touché (ou qu'il ait touché) un autre joueur sur le terrain de jeu.

(b) Si A1 ne se déplace pas sur un total de plus d'un mètre entre le moment où il fait rebondir le ballon et celui où il l'attrape à nouveau, l'action de A1 est légale. Le décompte de la période de 5 secondes attribuée pour effectuer la remise en jeu doit continuer.

17-33 Principe   **Le ballon ne doit pas toucher l'extérieur du terrain après une remise en jeu**

Le joueur effectuant la remise en jeu ne doit pas faire en sorte que le ballon touche la zone extérieure au terrain après qu'il a été lâché par le joueur effectuant la remise en jeu.

17-34 Exemple   **Ballon touchant l'extérieur du terrain après la remise en jeu**

Le joueur A1 effectuant la remise en jeu passe le ballon à A2 situé sur le terrain de jeu :

a) Depuis sa zone avant,

b) Depuis sa zone arrière, …

Le ballon sort des limites du terrain sans avoir été touché par un joueur sur le terrain.

Interprétation : C'est une violation de remise en jeu de A1. Le jeu doit reprendre avec une remise en jeu par l'équipe B depuis l'endroit de la remise en jeu initiale :

    a) Si elle a lieu dans la zone arrière de l'équipe B : avec 24 secondes sur le chronomètre des tirs,

    b) Si elle a lieu dans la zone avant de l'équipe B avec 14 secondes sur le chronomètre des tirs.

17-35 Exemple   **Ballon touchant un joueur à l'extérieur du terrain après la remise en jeu**

Le joueur A1 effectue la remise en jeu passe le ballon à A2. A2 reçoit le ballon en ayant un pied en contact avec la ligne de touche.

Interprétation :

C'est une violation de sortie des limites du terrain de A2. Le jeu doit reprendre par une remise en jeu par l'équipe B au plus près de l'endroit où A2 a touché la ligne de touche.

17-36 Exemple   **Se déplacer depuis le point de remise en jeu près de la ligne médiane**

A1 effectue une remise en jeu depuis derrière la ligne de touche :

    a) … dans sa zone arrière, à proximité de la ligne médiane : A1 est autorisé à passer le ballon vers n'importe quel endroit du terrain.

    b) … dans sa zone avant à proximité de la ligne médiane : A1 n'est autorisé à passer le ballon qu'à un partenaire situé en zone avant.

    c) … depuis le prolongement de la ligne médiane au commencement d'un quart-temps ou d'une prolongation, A1 est autorisé à passer le ballon vers n'importe quel endroit du terrain de jeu.

Avec le ballon en mains, A1 fait alors un pas normal sur le côté et change de ce fait de position par rapport à la zone avant ou à la zone arrière.

Interprétation :

Dans tous les cas, c'est une action légale de A1. A1 conserve sa position de remise en jeu initiale avec le droit de passer ou pas le ballon en zone avant comme en zone arrière, conformément à son statut initial.

17-37 Principe   **Déplacements et passes autorisés sur remise en jeu à la suite d'un panier marqué**

A la suite d'un panier ou d'un dernier lancer-franc marqué, le joueur effectuant la remise en jeu depuis derrière la ligne de fond peut se déplacer latéralement et/ou en arrière, et le ballon peut être passé entre n'importe quels partenaires derrière la ligne de fond, mais la période pour effectuer la remise en jeu ne doit pas excéder une période 5 secondes. Cela reste également valable après un temps-mort pris par l'une ou l'autre des équipes ou quand une violation d'interférence illégale sur la remise en jeu est sifflée contre l'équipe en défense et que la remise en jeu doit être recommencée.

17-38 Exemple   **En cas de violation défensive sur une remise en jeu à la suite d'un panier marqué**

Après qu'un adversaire a réussi un panier ou son dernier lancer-franc au cours du second quart-temps, A1 a le ballon dans les mains pour faire la remise en jeu depuis derrière la ligne de fond.

    a) B2 étend les bras au-dessus de la ligne de fond avant que le ballon soit lancé sur le terrain de jeu.

    b) A1 passe le ballon à A2 situé sur le terrain de jeu. B2 étend les bras au-dessus de la ligne de fond et touche le ballon sur cette passe.

Interprétation :

B2 doit recevoir un avertissement pour retard de jeu. L'avertissement à B2 doit aussi être communiqué à l'entraineur principal de l'équipe B et s'applique à tous les membres de l'équipe B pour le reste de la rencontre. Toute répétition d'une action similaire pourrait être sanctionnée d'une faute technique.

La remise en jeu doit être recommencée et tout joueur de l'équipe A l'effectuant conservera le droit à se déplacer le long de la ligne de fond avant de lâcher le ballon ou de le passer à un partenaire.

17-39 Exemple **En cas de violation défensive sur une remise en jeu à la suite d'un panier marqué**

Après un panier du terrain réussi par un adversaire, A1 a le ballon dans les mains pour faire la remise en jeu depuis derrière la ligne de fond. Après que le ballon a été lancé sur le terrain de jeu, B2 frappe le ballon du pied à proximité de la ligne de fond.

Interprétation : C'est une violation de pied de B2. Le jeu doit reprendre par une remise en jeu de l'équipe A en ligne de fond, excepté depuis directement derrière le panneau. Comme une violation de pied de B2, le joueur A effectuant la remise en jeu en ligne de fond ne doit pas bouger de l'endroit désigné pour effectuer la remise en jeu avant d'avoir lâché le ballon vers le terrain de jeu.

17-40 Exemple **En cas de violation défensive sur une passe derrière la ligne lors d'une remise en jeu à la suite d'un panier marqué**

Après qu'un adversaire a réussi un panier, A1 a le ballon dans les mains pour faire la remise en jeu depuis derrière la ligne de fond. A2 saute depuis l'extérieur du terrain derrière la ligne de fond et attrape le ballon en l'air sur la passe de A1. Puis :

a)	A2 repasse le ballon à A1 qui est resté hors du terrain.

b)	A2 passe le ballon à A3 qui est sur le terrain de jeu

c)	A2 retombe hors du terrain derrière la ligne de fond

d)	A2 atterrit sur le terrain de jeu

e)	A2 atterrit sur le terrain de jeu et repasse le ballon à A1 qui est toujours derrière la ligne de fond

Interprétation :

a)	b) et c) : Action légale de A2

d)	et e) Violation de remise en jeu par A2

17-41 Principe **24''/14'' sur remise en jeu après faute technique, antisportive ou disqualifiante**

A la suite du dernier lancer-franc résultant d'une faute technique, le jeu doit reprendre par une remise en jeu au plus près de l'endroit où était le ballon quand la faute technique a été sifflée, à moins qu'il y ait une situation d'entre-deux ou que cela se produise avant le début du premier quart-temps.

a)	Si une faute technique est sifflée contre l'équipe en défense :

- Si la remise en jeu est administrée pour l'équipe en attaque depuis sa zone arrière :

	o	L'équipe attaquante doit avoir 24 secondes sur le chronomètre des tirs.

- Si la remise en jeu est administrée pour l'équipe en attaque depuis sa zone avant :

	o	Si 14 secondes ou plus sont affichées sur le chronomètre des tirs, il doit continuer depuis là où il a été stoppé.

	o	Si 13 secondes ou moins sont affichées sur le chronomètre des tirs, il doit afficher 14 secondes.

b)	Si une faute technique est sifflée contre l'équipe en attaque :

	o	L'équipe attaquante doit conserver le temps affiché sur le chronomètre des tirs, quel que soit l'endroit où la remise en jeu doit avoir lieu, en zone avant comme en zone arrière.

c)	Si un temps-mort et une faute technique sont sifflés pendant la même période d'arrêt du chronomètre de jeu, le temps-mort doit être administré en premier, suivi de l'administration du lancer-franc de la sanction de la faute technique.

A la suite de lancer(s)-franc(s) résultant d'une faute antisportive ou d'une faute disqualifiante, la remise en jeu doit avoir lieu au point de remise en jeu de la zone avant de l'équipe. L'équipe doit avoir 14 secondes sur le chronomètre des tirs.

17-42 Exemple **Réglage des 14/24 secondes en cas de faute technique d'une équipe qui dribble**

Au cours du second quart-temps, A2 dribble

a)	Dans sa zone arrière,

b)	Dans sa zone avant,

… quand A1 est sanctionné d'une faute technique

Interprétation : n'importe quel joueur de l'équipe B doit tenter un lancer-franc sans alignement. Dans les 2 cas, le jeu doit reprendre par une remise en jeu de l'équipe A au plus près de l'endroit où se trouvait le ballon au moment où la faute technique s'est produite. L'équipe A doit avoir le temps restant sur le chronomètre des tirs.

17-43 Exemple   **Réglage des 14/24 secondes en cas de faute technique de l'équipe en défense**
A2 dribble :
- a) Dans sa zone arrière,
- b) Dans sa zone avant,
- … quand B1 est sanctionné d'une faute technique.

Interprétation :
N'importe quel joueur de l'équipe A doit tenter un lancer-franc sans alignement. Le jeu doit reprendre par une remise en jeu de l'équipe A au plus près de l'endroit où se trouvait le ballon au moment où la faute technique s'est produite. Si cette remise en jeu a lieu :
- a) Dans sa zone arrière, le chronomètre des tirs doit afficher 24 secondes
- b) Dans sa zone avant,
  - o Si 14 secondes ou plus étaient affichées sur le chronomètre des tirs, l'équipe A doit avoir le temps restant sur le chronomètre des tirs.
  - o Si 13 secondes ou moins sont affichées sur le chronomètre des tirs, le chronomètre des tirs doit afficher 14 secondes

17-44 Exemple   **Réglage des 14/24 secondes en cas de faute technique du dribbleur en zone avant suivi d'un temps-mort de l'équipe A dans les 2 dernières minutes**
Avec 1'47 sur le chronomètre de jeu, A1 dribble dans sa zone avant et est sanctionné d'une faute technique. L'équipe A obtient alors un temps mort.
Interprétation :
Après le temps-mort, un lancer-franc doit être tenté par n'importe quel joueur de l'équipe B sans alignement. Le jeu doit reprendre par une remise en jeu de l'équipe A au plus près de l'endroit où se trouvait le ballon au moment où la faute technique s'est produite. L'équipe A doit avoir le temps restant sur le chronomètre des tirs.

17-45 Principe   **Réglage des 14/24 secondes en cas de faute technique attaquante, suivie d'un TM dans les 2 dernières minutes**
Quand le chronomètre de jeu indique 2'00'' ou moins dans le quatrième quart-temps ou toute prolongation, si une faute technique est sifflée contre l'équipe attaquante et que cette équipe se voit accorder un temps-mort,
- Si la remise en jeu est administrée depuis sa zone arrière :
  - o L'équipe attaquante doit conserver le temps restant sur le chronomètre des tirs, quel qu'il soit.
- Si la remise en jeu est administrée depuis sa zone avant :
  - o Si 14 secondes ou plus sont affichées sur le chronomètre des tirs, le chronomètre des tirs doit afficher 14 secondes
  - o Si 13 secondes ou moins sont affichées sur le chronomètre des tirs, le chronomètre des tirs doit continuer depuis là où il a été stoppé.

17-46 Exemple   **Réglage des 14/24 secondes en cas de faute technique de l'équipe qui dribble en zone arrière avec TM avant les LF**
Avec 1'45'' restant sur le chronomètre de jeu dans le 4ème quart-temps, A1 dribble dans sa zone arrière et est sanctionné d'une faute technique. L'équipe A obtient alors un temps mort.
Interprétation : Au plus tard à la fin du temps-mort, l'entraîneur principal A doit informer l'arbitre du lieu de la remise en jeu (zone arrière ou zone avant). Après le temps-mort, n'importe quel joueur de l'équipe B doit tenter 1 lancer-franc sans alignement. Le jeu doit reprendre par une remise en jeu de l'équipe A selon la décision de l'entraîneur principal A.

- Si l'entraineur principal A a décidé d'une remise en jeu depuis le point de remise en jeu de la zone avant de son équipe, l'équipe A doit avoir :
  - 14 secondes sur le chronomètre des tirs, si 14 secondes ou plus y était affichées,
  - Le temps restant sur le chronomètre des tirs, si 13 secondes ou moins y étaient affichées.
- Si l'entraineur principal A a décidé d'une remise en jeu depuis la zone arrière de son équipe, l'équipe A doit :
  - Conserver le temps restant affiché sur le chronomètre des tirs, quel qu'il soit.

17-47 Exemple   **Réglage 14/24 en cas faute technique de l'équipe qui dribble en zone arrière avec TM après les LF**

Avec 1'43'' restant sur le chronomètre de jeu dans le 4ᵉᵐᵉ quart-temps, A1 dribble dans sa zone arrière et est sanctionné d'une faute technique. N'importe quel joueur de l'équipe B doit tenter un lancer-franc **puis** l'équipe A obtient alors un temps mort.

Interprétation : Au plus tard à la fin du temps-mort, l'entraineur principal A doit informer l'arbitre du lieu de la remise en jeu (zone arrière ou zone avant). Le jeu doit reprendre par une remise en jeu de l'équipe A selon la décision de son entraineur principal.

- Si l'entraineur principal A a décidé d'une remise en jeu depuis le point de remise en jeu de la zone avant de son équipe, l'équipe A doit :
  - Avoir 14 secondes sur le chronomètre des tirs, si 14 secondes ou plus y était affichées,
  - Conserver le temps restant sur le chronomètre des tirs, si 13 secondes ou moins y étaient affichées.
- Si l'entraineur principal A a décidé d'une remise en jeu depuis la zone arrière de son équipe, l'équipe A doit :
  - Conserver le temps restant sur le chronomètre des tirs, quel qu'il soit.

17-48 Exemple   **Réglage 14/24 en cas faute technique de l'équipe A après temps-mort avec remise en jeu pour l'équipe A**

Avec 1'41'' restant sur le chronomètre de jeu dans le 4ᵉᵐᵉ quart-temps, A1 dribble dans sa zone arrière et B1 chasse le ballon hors du terrain. L'équipe A obtient alors un temps mort. Immédiatement après A1 est sanctionné d'une faute technique.

Interprétation : Au plus tard à la fin du temps-mort, l'entraineur principal A doit informer l'arbitre du lieu de la remise en jeu (zone arrière ou zone avant). Après le temps-mort, n'importe quel joueur de l'équipe B doit tenter 1 lancer-franc, sans alignement. Le jeu doit reprendre par une remise en jeu de l'équipe A selon la décision de son entraineur principal.

- Si l'entraineur principal A a décidé d'une remise en jeu depuis le point de remise en jeu de la zone avant de son équipe, l'équipe A doit :
  - Avoir 14 secondes sur le chronomètre des tirs, si 14 secondes ou plus y était affichées,
  - Conserver le temps restant sur le chronomètre des tirs, si 13 secondes ou moins y étaient affichées.
- Si l'entraineur principal A a décidé d'une remise en jeu depuis la zone arrière de son équipe, l'équipe A doit :
  - Conserver le temps restant affiché sur le chronomètre des tirs, quel qu'il soit. ..

17-49 Exemple   **Nouvelles 24" sur REJ après TM-A lors des 2 dernières minutes**

Avec 58 secondes sur le chronomètre de jeu dans le 4ᵉᵐᵉ quart-temps, dans la zone arrière de A1 :
  a) B1 donne un coup de pied volontaire dans le ballon.
  b) B1 commet une faute sur A1. C'est la 3ᵉᵐᵉ faute de l'équipe B dans le quart-temps.
  c) B1 tape le ballon qui sort des limites du terrain.
Avec 19 secondes sur le chronomètre des tirs, un temps-mort est accordé à l'équipe A.

Interprétation :

L'entraineur principal A doit décider si le jeu doit reprendre par une remise en jeu depuis la ligne de remise en jeu dans sa zone avant ou depuis sa zone arrière.

- Si c'est depuis sa zone avant, l'équipe A doit avoir 14 secondes sur le chronomètre des tirs.
- Si c'est depuis sa zone arrière, l'équipe A doit avoir :
  - a) et b) : 24 secondes sur le chronomètre des tirs.
  - c) : 19 secondes sur le chronomètre des tirs

17-50 Principe   Après un tir réussi non valide, remise en jeu dans le prolongement de la ligne des lancers-francs

À chaque fois que le ballon pénètre dans le panier, mais que le panier ou le dernier lancer franc n'est pas valide, le jeu doit reprendre par une remise en jeu depuis le prolongement de la ligne de lancers francs.

17-51 Exemple   Marcher sur un tir réussi

A1 est en action de tir et commet une violation de marcher puis le ballon pénètre dans le panier.

Interprétation :

Le panier de A1 ne doit pas compter. L'équipe B doit bénéficier d'une remise en jeu depuis le prolongement de la ligne de lancer franc dans sa zone arrière. L'équipe B doit avoir 24 secondes sur le chronomètre des tirs.

17-52 Exemple   Violation offensive de goaltending, puis le ballon rentre dans le panier

A1 un tente un tir au panier. Alors que le ballon est en phase descendante, A2 touche le ballon qui entre ensuite dans le panier.

Interprétation : le panier de A1 ne doit pas compter. L'équipe B doit bénéficier d'une remise en jeu depuis le prolongement de la ligne de lancers francs dans sa zone arrière. L'équipe B doit avoir 24 secondes sur le chronomètre des tirs.

Article 18/19   TEMPS-MORT/REMPLACEMENT

18/19-1   Principe   Pas de temps-mort ou remplacement en début de quart-temps

Un temps-mort ne peut pas être accordé avant que le temps de jeu d'un quart-temps ou d'une prolongation ait commencé ou après que le temps de jeu d'un quart-temps ou d'une prolongation a pris fin.

Un remplacement ne peut pas être accordé avant que le temps de jeu pour le 1er quart-temps ait commencé ou après que le temps de jeu de la rencontre a pris fin. Un remplacement peut être effectué pendant un intervalle de jeu entre les quart-temps et prolongations.

18/19-2   Exemple   Temps-mort ou remplacement en début de quart-temps

Après que le ballon a quitté les mains du Crew Chief lors de l'entre-deux initial mais avant que le ballon soit légalement frappé, le sauteur A2 commet une violation. Le ballon est attribué à l'équipe B pour une remise en jeu. A cet instant, une des deux équipes demande un temps-mort ou un remplacement.

Interprétation : Malgré le fait que le match a déjà commencé, le temps-mort ou le remplacement ne doit pas être accordé parce que le chronomètre de jeu n'a pas encore démarré.

18/19-3   Principe   Occasions de remplacement si les 24" retentissent ou si le tir est réussi

Si le signal sonore du chronomètre des tirs retentit alors que le ballon est en l'air pendant un tir au panier, ce n'est pas une violation et le chronomètre de jeu ne s'arrête pas.

Si le tir au panier est réussi, c'est alors – sous certaines conditions – une occasion de remplacement et de temps-mort pour les deux équipes.

18/19-4   Exemple   Temps-mort et remplacement sur panier marqué

Le ballon est en l'air lors d'un tir au panier, lorsque le signal sonore du chronomètre des tirs retentit. Le ballon pénètre dans le panier. A ce moment, l'une ou l'autre ou les deux équipes demande(nt) :

    a) Un temps-mort.
    b) Un remplacement.

Interprétation :

    a) C'est une occasion de temps-mort uniquement pour l'équipe n'ayant pas marqué. Si un temps-mort est accordé à l'équipe qui ne marque pas, les adversaires peuvent également bénéficier d'un temps-mort et les deux équipes bénéficient aussi d'un remplacement si elles le demandent.

    b) C'est une opportunité de remplacement uniquement pour l'équipe ne marquant pas le panier et seulement quand le chronomètre de jeu indique 2'00" ou moins dans le 4ème quart-temps ou dans chaque prolongation. Si un remplacement est accordé à l'équipe n'ayant pas marqué, les adversaires peuvent également bénéficier d'un remplacement et les deux équipes peuvent bénéficier aussi d'un temps-mort si elles le demandent.

18/19-5   Principe   Demande de remplacement sur lancer-franc

Si la demande de temps-mort ou de remplacement (pour tout joueur y compris le tireur de lancer-franc) est faite après que le ballon est à la disposition du tireur de lancer-franc pour le 1er lancer-franc, le temps-mort ou le remplacement est accordé aux deux équipes si :

    a) Le dernier lancer-franc est réussi, ou
    b) Le dernier lancer-franc est suivi par une remise en jeu, ou
    c) Pour toute raison valable, le ballon doit rester mort après le dernier lancer-franc.

Après que le ballon a été mis à disposition du tireur de lancer-franc pour le premier d'une série de 2 ou 3 lancers-francs de la même sanction de faute, aucun temps-mort ou remplacement ne peut être accordé avant que le ballon ne devienne mort à la suite du dernier lancer-franc.

Quand une faute technique est sifflée entre de tels lancers-francs, aucun temps-mort ou remplacement ne peut être accordé à aucune des 2 équipes avant et/ou après le lancer-franc en résultant, à moins que le remplaçant devienne joueur pour tenter le lancer-franc de la sanction de la faute technique. Dans ce cas, les adversaires seront également autorisés à remplacer 1 joueur s'ils le souhaitent.

18/19-6   Exemple   Demande de temps-mort ou de remplacement avant lancer-franc

A1 bénéficie de 2 lancers-francs. Chaque équipe demande un temps-mort ou un remplacement :

    a) Avant que le ballon soit à la disposition du tireur de lancer-franc A1,
    b) Après la 1ère tentative de lancer-franc,
    c) Après la réussite du 2ème lancer-franc mais avant que le ballon soit à la disposition de n'importe quel joueur de l'équipe B effectuant la remise en jeu,
    d) Après la réussite du 2ème lancer-franc et après que le ballon est à la disposition de n'importe quel joueur de l'équipe B effectuant la remise en jeu.

Le temps-mort demandé ou le remplacement est-il accordé ? et si oui, quand ?

Interprétation :

    a) Le temps-mort ou le remplacement doit être immédiatement accordé avant la 1ère tentative de lancer-franc.
    b) Le temps-mort ou le remplacement ne doit pas être accordé après le 1er lancer-franc, même s'il est réussi.
    c) Le temps-mort ou le remplacement doit être immédiatement accordé, avant la remise en jeu.
    d) Le temps-mort ou le remplacement ne doit pas être accordé.

18/19-7   Exemple   Accord de temps-mort ou de remplacement après lancer-franc

A1 bénéficie de 2 lancers-francs. Après la première tentative de lancer-franc, un temps-mort ou un remplacement est demandé par chaque équipe. Pendant la tentative du dernier lancer-franc :

    a) Le ballon rebondit sur l'anneau et le jeu continue.
    b) Le lancer-franc est réussi.

c) Le ballon manque l'anneau.

d) A1 met le pied sur la ligne de lancer-franc en tirant et une violation est sifflée.

e) B1 pénètre dans la zone restrictive avant que le ballon ait quitté les mains de A1. La violation de B1 est sifflée et le lancer-franc de A1 n'est pas réussi.

Interprétation :

a) Le temps-mort ou le remplacement ne doit pas être accordé.

b) c) et d) Le temps-mort ou le remplacement doit être accordé immédiatement.

e) A1 doit tenter un lancer-franc de remplacement puis, s'il est réussi, le temps-mort ou le remplacement doit être accordé immédiatement.

18/19-8   Exemple   Demande de remplacement trop tardive signalée par erreur

Une occasion de remplacement vient juste de se terminer lorsque le remplaçant A6 se précipite vers la table de marque en demandant à voix haute un remplacement. Le marqueur réagit et fait retentir le signal par erreur. L'arbitre siffle.

Interprétation : Le ballon est mort et le chronomètre de jeu demeure arrêté. Il en résulte que cela devrait être une occasion de remplacement. Cependant, parce que la demande a été faite trop tard, le remplacement ne doit pas être accordé. Le jeu doit reprendre immédiatement.

18/19-9   Exemple   Temps-mort/ remplacement sur intervention illégale ou Goaltending

Une violation d'empêcher illégalement le ballon d'atteindre le panier ou d'intervention illégale se produit pendant le jeu. Un temps-mort a été demandé par l'entraineur de l'une ou l'autre des équipes ou un remplacement a été demandé par un remplaçant de l'une ou l'autre des équipes.

Interprétation : La violation provoque l'arrêt du chronomètre de jeu et rend le ballon mort. Les temps-morts ou remplacements demandés doivent être accordés.

18/19-10   Exemple   Temps-mort/remplacement en cas de faute technique entre 2 lancers-francs (demande avant le LF de la FT)

B1 est sanctionné d'une faute sur A1 qui est en action de tir à 2 points, non réussi. Après le 1ᵉʳ des 2 lancers-francs de A1, A2 est sanctionné d'une faute technique. N'importe quelle équipe demande alors un temps-mort ou un remplacement.

Interprétation : N'importe quel joueur de l'équipe B doit tenter un lancer-franc, sans alignement. Si un remplaçant de l'équipe B devient joueur pour tenter le lancer-franc, l'équipe A doit être aussi autorisée à remplacer un joueur si elle le souhaite. Si le remplaçant devenu joueur pour tenter le lancer-franc ou si l'équipe A a également procédé à un remplacement, ces joueurs ne pourront être à leur tour remplacés que lorsque la prochaine période de course du chronomètre de jeu se sera terminée. Après le lancer-franc tenté par un joueur de l'équipe B pour la faute technique, A1 doit tenter son 2ᵉᵐᵉ lancer-franc. Le jeu doit reprendre comme après tout dernier lancer-franc. Si le lancer-franc est réussi, et s'ils sont demandés, le temps-mort et d'autres remplacements devront être accordés aux deux équipes.

18/19-11   Exemple   Temps-mort/remplacement en cas de faute technique entre 2 lancers-francs (demande après le LF de la FT)

B1 est sanctionné d'une faute sur A1 qui est en action de tir à 2 points, non réussi. Après que A1 a tenté le premier de ses deux lancers-francs, A2 est sanctionné d'une faute technique. N'importe quel joueur de l'équipe B tente 1 lancer-franc, sans alignement. Une équipe quelconque demande alors un temps-mort ou un remplacement.

Interprétation : Aucun temps-mort ou remplacement ne doit être accordé. A1 doit tenter le 2ᵉᵐᵉ lancer-franc. Le jeu doit reprendre comme après tout dernier lancer-franc. Si le lancer-franc est réussi, et s'ils sont demandés, le temps-mort et d'autres remplacements devront être accordés aux deux équipes.

18/19-12 Exemple   Demande de remplacement entre 2 LF entrecoupés d'une 5ᵉᵐᵉ faute (technique)

B1 est sanctionné d'une faute sur A1 qui est en action de tir à 2 points, non réussi. Après que A1 a tenté le premier de ses 2 lancers-francs, A2 est sanctionné d'une faute technique, qui est sa 5ᵉᵐᵉ faute. N'importe quelle équipe demande alors un temps-mort ou un remplacement.

Interprétation : A2 doit être remplacé immédiatement. N'importe quel joueur ou remplaçant de l'équipe B peut tenter le lancer-franc, sans alignement. Si un remplaçant de l'équipe B tente le lancer-franc, l'équipe A est aussi autorisée à remplacer un joueur si elle le souhaite. Si le remplaçant devenu joueur pour tenter le lancer-franc ou si l'équipe A a également procédé à un remplacement, ces joueurs ne pourront être à leur tour remplacés que lorsque la prochaine période de course du chronomètre de jeu se sera terminée.

Après le lancer-franc tenté par un joueur de l'équipe B pour la faute technique, A1 doit tenter son 2ème lancer-franc. Le jeu doit reprendre comme après tout dernier lancer-franc. Si le lancer-franc est réussi, et s'ils sont demandés, le temps-mort et d'autres remplacements devront être accordés aux deux équipes.

18/19-13 Exemple Remplacement pour tirer le LF d'une faute technique
Le dribbleur A1 est sanctionné d'une faute technique. B6 demande alors un remplacement pour tenter le lancer-franc.
Interprétation : C'est une opportunité de remplacement pour les deux équipes. Après être devenu joueur, B6 peut tenter le lancer-franc, mais ne pourra pas être remplacé tant que la prochaine période de déroulement du chronomètre de jeu ne sera pas terminée.

18/19-14 Principe Remplacement d'un remplaçant entré en jeu
Un remplaçant qui est devenu joueur ne peut quitter le jeu avant la fin de la période écoulée de chronomètre de jeu suivante.

18/19-15 Exemple Remplacement d'un remplaçant après sa 5ème faute
B1 est remplacé par B6. Avant que le chronomètre de jeu démarre, B6 est sanctionné s'une faute personnelle. C'est :
   a) La 3ème faute de B6
   b) La 5ème faute de B6
Interprétation :
   a) B6 ne peut pas être remplacé avant la fin de la période écoulée de chronomètre de jeu suivante.
   b) B6 doit être remplacé.

18/19-16 Principe Moment du début d'un temps-mort
Si à la suite d'une demande de temps-mort, une faute est sifflée contre l'une ou l'autre équipe, le temps-mort ne peut pas commencer tant que l'arbitre n'a pas terminé toute communication relative à cette faute avec la table de marque. Dans le cas d'une 5ème faute d'un joueur, cette communication inclut la procédure nécessaire au remplacement. Une fois celle-ci terminée, la période de temps-mort doit commencer lorsqu'un arbitre siffle et fait le signal de temps-mort.

18/19-17 Exemple Moment du début de temps-mort après une faute ou une 5ème faute
Pendant le jeu, l'entraîneur A demande un temps-mort après quoi :
   a) B1 commet sa cinquième faute.
   b) Un joueur de n'importe quelle équipe est sanctionné d'une faute
Interprétation :
   a) L'occasion de temps-mort commence seulement après que toute la communication avec la table de marque relative à la faute a été terminée et que le remplaçant de B1 est devenu joueur.
   a) b) Dans les deux cas, les joueurs doivent être autorisés à rejoindre leur banc d'équipe même si la période de temps-mort n'a pas formellement commencé.

18/19-18 Principe Sanction pour retour tardif sur le terrain après temps-mort ou intervalle
Chaque temps-mort doit durer une minute. Les équipes doivent retourner rapidement sur le terrain dès que l'arbitre siffle et invite les équipes à revenir sur le terrain de jeu.

Si une équipe étend son temps-mort au-delà de la minute qui lui est allouée, elle obtient un avantage en prolongeant le temps-mort et en provoquant également un retard de la reprise du jeu. Un avertissement doit être donné à l'entraîneur principal de cette équipe par un arbitre.

Si cet entraîneur principal ne répond pas à l'avertissement, un temps-mort supplémentaire doit être imputé à cette équipe.

Si cette équipe ne dispose plus de temps-mort, l'entraîneur principal peut être pénalisée d'une faute technique inscrite "B1" sur la feuille de marque pour avoir retardé la reprise du jeu.

Si cette équipe ne revient pas promptement sur le terrain de jeu **après l'intervalle de jeu de la mi-temps**, un temps-mort doit être imputé à l'équipe fautive. Un temps-mort imputé de la sorte ne doit pas durer 1 minute. Le jeu doit reprendre immédiatement.

18/19-19   Exemple   Ignorer la demande de retour sur le terrain de l'arbitre

La période de temps-mort expire et l'arbitre invite l'équipe A à revenir sur le terrain. L'entraîneur principal A continue de donner des instructions à ses joueurs, qui restent dans la zone de banc. L'arbitre invite à nouveau l'équipe A à revenir sur le terrain et :

(a) L'équipe A revient finalement sur le terrain de jeu.
(b) L'équipe A continue à rester dans la zone de banc d'équipe.

Interprétation :

(a) Après que l'équipe a commencé à revenir sur le terrain, l'arbitre donne un avertissement à l'entraîneur principal A, signifiant que si une telle conduite se reproduit, un temps-mort supplémentaire devra être imputé à l'équipe A

(b) Un temps-mort, sans avertissement, devra être imputé à l'équipe A. Ce temps-mort doit durer 1 minute. Si l'équipe A ne dispose plus de temps-mort, l'entraîneur principal de l'équipe A devra être pénalisé d'une faute technique inscrite "B1" sur la feuille de marque pour avoir retardé la reprise du jeu.

18/19-20   Exemple   Retour tardif du vestiaire d'une équipe au début du 3ème quart-temps

Après la fin de l'intervalle de la mi-temps, l'équipe A est toujours dans son vestiaire et le début du 3ème quart-temps est retardé en conséquence.

Interprétation :

Après que l'équipe A est finalement revenue sur le terrain, un temps-mort sans avertissement doit être imputé à l'équipe A. Ce temps-mort ne doit pas durer 1 minute. Le jeu doit reprendre immédiatement.

18/19-21   Principe   Premier temps-mort non pris à l'entame des 2 dernières minutes

Si une équipe n'a pas bénéficié de temps-mort dans la deuxième mi-temps avant que le chronomètre de jeu affiche 2'00" dans le 4ème quart-temps, le marqueur doit tracer deux traits horizontaux dans la 1ère case des temps-morts de cette équipe de la 2ème mi-temps. Le tableau d'affichage doit afficher le 1er temps-mort comme s'il avait été pris.

18/19-22   Exemple   Double barre dans la case du 1er temps-mort à 2'00" dans le 4ème quart-temps

Avec 2'00" restant sur le chronomètre de jeu dans le 4ème quart-temps, les deux équipes n'ont pas encore pris de temps-mort dans la 2ème mi-temps.

Interprétation : le marqueur doit tracer deux lignes horizontales dans la 1ère case des temps-morts de chaque équipe. Le tableau d'affichage doit indiquer que le 1er temps-mort a été pris.

18/19-23   Exemple   Temps-mort demandé à 2'09" et accordé à 1'58"

Avec 2'09" sur le chronomètre de jeu dans le 4ème quart-temps, l'entraîneur principal A demande son 1er temps-mort de la 2ème mi-temps. Avec 1'58" sur le chronomètre de jeu, le ballon sort en dehors du terrain et le jeu est arrêté. Le temps-mort de l'équipe A est accordé.

Interprétation : Le marqueur doit tracer deux traits horizontaux dans la 1ère case des temps-morts de l'équipe du fait que le temps-morts n'a pas été accordé avant que le chronomètre de jeu affiche 2'00'' dans le 4ème quart-temps. Le temps-mort accordé à 1'58'' doit être inscrit dans la 2ème case des temps-morts de l'équipe A et il ne doit plus rester qu'un temps-mort disponible pour cette équipe. Après le temps-mort, le tableau d'affichage doit indiquer que 2 temps-morts ont été pris.

18/19-24 **Principe** **Moment du temps-mort en cas de faute Technique, Antisportive ou Disqualifiante**

Chaque fois qu'un temps-mort est demandé, que ce soit avant ou après une faute technique, antisportive ou disqualifiante, le temps-mort doit être accordé avant le début de l'administration du (des) lancer(s)-franc(s) lancers-francs.

Si pendant un temps-mort, une faute technique, antisportive ou disqualifiante est sifflée, le(s) lancer(s)-franc(s) doit (doivent) être tiré(s) une fois que le temps-mort est terminé.

18/19-25 **Exemple** **Demande de temps-mort puis faute antisportive, puis technique**

L'entraîneur principal B a demandé un temps-mort. A1 est sanctionné d'une faute antisportive sur B1, suivie d'une faute technique à A2.

Interprétation :

Le temps-mort doit être accordé à l'équipe B. Après le temps-mort, n'importe quel joueur de l'équipe B doit bénéficier d'1 lancer-franc sans alignement. B1 doit ensuite tirer 2 lancers-francs, sans alignement. Le jeu devra reprendre par une remise en jeu pour l'équipe B depuis le point de remise en jeu de sa zone avant. L'équipe B doit avoir 14 secondes sur le chronomètre des tirs.

18/19-26 **Exemple** **Temps-mort accordé après une faute antisportive, puis technique pendant le temps-mort**

L'entraîneur principal de l'équipe B a demandé un temps-mort. A1 est sanctionné d'une faute antisportive sur B1. Le temps-mort est alors accordé à l'équipe B. Pendant le temps-mort, une faute technique est sifflée à A2.

Interprétation :

Après le temps-mort, n'importe quel joueur de l'équipe B devra tenter 1 lancer-franc sans alignement. B1 doit ensuite tenter 2 lancers-francs sans alignement. Le jeu devra reprendre par une remise en jeu pour l'équipe B depuis le point de remise en jeu de sa zone avant. L'équipe B doit avoir 14 secondes sur le chronomètre des tirs.

Article 23 JOUEUR ET BALLON HORS DU TERRAIN

23-1 Principe. Si un joueur hors du terrain touche le ballon il est responsable de la sortie du ballon

Si le ballon sort des limites du terrain parce qu'il a touché ou a été touché par un joueur qui se trouve sur ou à l'extérieur des lignes de touche, ce joueur est responsable d'avoir sorti le ballon des limites du terrain.

23-2 Exemple **Pas de sortie si le porteur touche un adversaire hors du terrain avec son corps**

Près de la ligne de touche, A1 avec le ballon en mains est étroitement marqué par B1. A1 touche B1 avec son corps. B1 a 1 pied hors des limites du terrain.

Interprétation :

C'est une action légale de A1. Un joueur est hors limites lorsque n'importe quelle partie de son corps est en contact avec n'importe quel objet autre qu'un joueur. Le jeu doit reprendre.

23-3 Exemple **Sortie si le porteur touche un adversaire hors du terrain avec le ballon**

Près de la ligne de touche, A1 avec le ballon dans les mains est étroitement marqué par B1 et B2. A1 touche avec le ballon B1 qui a 1 pied hors des limites du terrain.

Interprétation :

C'est une violation de sortie des limites du terrain par B1. Le ballon est hors des limites du terrain lorsqu'il touche un joueur lui-même hors des limites du terrain. Le jeu doit reprendre par une remise en jeu de l'équipe A au plus près de l'endroit où le ballon est sorti des limites du terrain. L'équipe A doit avoir le temps restant sur le chronomètre des tirs.

23-4 Exemple   Sortie si le ballon touche un remplaçant

A1 dribble près de la ligne de touche devant la table de marque. Le ballon rebondit fort et touche le genou de B6 assis sur la chaise de remplacement. Le ballon revient à A1 sur le terrain de jeu.

Interprétation :

Le ballon est hors limites lorsqu'il touche un joueur ou toute autre personne (B6) qui est hors-jeu. Le dernier joueur (A1) qui a touché le ballon avant qu'il ne sorte des limites du terrain est responsable de la sortie du ballon. Le jeu doit reprendre par une remise en jeu de l'équipe B à partir de l'endroit le plus proche de l'endroit où le ballon est sorti des limites du terrain, excepté derrière le panneau.

Article 24 LE DRIBBLE

24-1   Principe

Ce n'est pas un dribble si un joueur lance délibérément le ballon contre le panneau de l'adversaire ou son propre panneau.

24-2   Exemple   Lancer délibérément le ballon contre le panneau avant un dribble

A1 n'a pas encore dribblé et se tient toujours arrêté quand A1 lance délibérément le ballon contre un panneau, et le reprend ou le touche à nouveau avant que n'importe quel autre joueur ait touché le ballon

Interprétation :

C'est une action légale de A1. Après avoir attrapé le ballon, A1 peut tirer, passer le ballon ou commencer un dribble.

24-3   Exemple   Dribbler après avoir lancé le ballon contre le panneau

Après avoir terminé un dribble soit lors d'un mouvement continu, soit après un arrêt, A1 lance le ballon délibérément contre le panneau. A1 l'attrape à nouveau ou touche le ballon :

    a) Après que le ballon a rebondi sur le terrain, puis démarre un dribble.

    b) Avant que le ballon touche n'importe quel autre joueur

Interprétation :

    a) C'est une violation de reprise de dribble de A1. A1 ne doit pas dribbler une seconde fois après avoir terminé son premier dribble.

    b) C'est une action légale de A1. Après avoir attrapé le ballon, A1 peut tirer ou passer le ballon mais ne doit pas commencer un nouveau dribble.

24-4   Exemple   Tirer, manquer l'anneau et récupérer le ballon et le faire rebondir sur le panneau

Le tir au panier de A1 manque l'anneau. A1 récupère le ballon et le lance délibérément contre le panneau, après quoi A1 rattrape ou touche à nouveau le ballon avant qu'il touche n'importe quel autre joueur.

Interprétation :

C'est une action légale. Après avoir attrapé le ballon, A1 peut tirer, passer ou commencer un dribble.

24-5   Exemple   Poser le ballon au sol ou le tapoter après un arrêt à la fin d'un dribble

A1 dribble puis fait un arrêt légal. Après quoi :

a) A1 perd alors l'équilibre et, sans déplacer son pied de pivot, A1 touche le sol une ou deux fois avec le ballon tout en tenant le ballon dans les mains.

b) A1 tapote alors le ballon en l'air d'une main vers l'autre sans déplacer son pied de pivot.

Interprétation :

Dans les deux cas, c'est une action légale de A1. A1 n'a pas déplacé son pied de pivot.

24-6 Exemple   Poser le ballon au sol ou le tapoter après un dribble
A1 commence son dribble en :
a) Lançant le ballon au-dessus d'un adversaire.
b) Lançant le ballon plusieurs mètres devant un adversaire.
Le ballon touche le sol sur le terrain après quoi A1 continue à dribbler.
Interprétation :
Dans les deux cas, c'est une action légale de A1. Le ballon a touché le terrain de jeu avant qu'A1 ne touche à nouveau le ballon sur un dribble.

24-7 Exemple   Lancer le ballon sur la jambe de l'adversaire à la fin d'un dribble
A1 termine son dribble puis lance délibérément le ballon sur la jambe de B1. A1 reprend le ballon puis commence un nouveau dribble.
Interprétation :
Violation de reprise de dribble de A1. Le dribble de A1 était terminé et le ballon n'a pas été touché par B1. C'est le ballon qui a touché B1. A1 ne peut pas dribbler à nouveau.

Article 25 LE MARCHER

25-1 Principe   Joueur allongé au sol
Il est légal qu'un joueur allongé au sol prenne le contrôle du ballon sur le terrain de jeu. De même, il est légal qu'un joueur tenant le ballon tombe au sol sur le terrain de jeu. Il est également légal qu'un joueur, après être tombé au sol avec le ballon glisse brièvement au sol sur le terrain de jeu, emporté par son mouvement. Toutefois, si ce joueur roule alors au sol ou essaie de se relever alors qu'il tient le ballon, c'est une violation.

25-2 Exemple   Un joueur tombe et glisse involontairement au sol
A1 tient le ballon dans les mains lorsque :
a) A1 perd son équilibre et tombe sur le terrain de jeu
b) Après être tombé, A1 glisse sur le terrain de jeu, emporté par son mouvement.
Interprétation :
Dans les 2 cas, c'est une action légale de A1. Tomber sur le terrain n'est pas une violation. Cependant, si A1 roule au sol dans le but d'échapper à la défense ou essaie de se relever tout en tenant encore le ballon dans les mains, une violation de marcher se produit.

25-3 Exemple   Un joueur allongé au sol passe, dribble ou se relève
Alors qu'il est allongé au sol sur le terrain de jeu, A1 prend le contrôle du ballon. Ensuite A1 :
a) Passe le ballon à A2,
b) Commence un dribble alors qu'il est encore allongé au sol sur le terrain de jeu,
c) Tente de se relever tout en dribblant
d) Tente de se relever alors qu'il tient toujours le ballon.
Interprétation :
- a), b) et c) : c'est une action légale de A1
- d) c'est une violation de marcher de A1

25-4 Principe   Violation de cloche pied
Un joueur ne doit pas toucher le sol consécutivement avec le même pied ou les deux pieds après avoir terminé son dribble ou après avoir pris le contrôle du ballon.

25-5 Exemple   Cloche pied après la fin d'un dribble

A1 termine son dribble en attrapant le ballon à 2 mains. Dans son mouvement continu, A1 saute sur son pied droit, atterrit sur son pied droit puis sur son pied gauche et tente un tir.
Interprétation :
C'est une violation de marcher de A1. Un joueur ne doit pas toucher le sol consécutivement avec le même pied après avoir terminé son dribble.

Article 26 3 SECONDES

26-1   Principe   Joueur sortant du terrain pour éviter une violation de 3 secondes
C'est une violation quand un joueur quitte le terrain de jeu en ligne de fond dans le but d'éviter une violation des 3 secondes, et qu'il entre alors à nouveau dans la zone restrictive.

26-2   Exemple :
Dans la zone restrictive depuis moins de 3 secondes, A1 sort du terrain en ligne de fond dans le but d'éviter une violation des 3 secondes. A1 rentre alors à nouveau dans la zone restrictive.
Interprétation :
C'est une violation de 3 secondes de A1.

26-3   Principe   Violation de 3 secondes
Un joueur ne doit pas rester plus de 3 secondes dans la zone restrictive des adversaires alors que son équipe est en contrôle d'un ballon vivant dans sa zone avant et que le chronomètre de jeu tourne.

26-4   Exemple   Air ball puis rebond de A1
A1, dans la zone restrictive depuis 2,5 secondes, lâche le ballon sur un tir au panier. Le ballon manque le panneau et l'anneau et A1 prend le rebond.
Interprétation :
C'est une action légale de A1. L'équipe A termine son contrôle du ballon au moment où A1 lâche son ballon sur un tir. Par le rebond de A1, l'équipe A gagne un nouveau contrôle du ballon.

26-5   Exemple   Pas de violation si plus de 3 secondes pendant une remise en jeu
Alors que A1 a le ballon dans les mains pour effectuer la remise en jeu, A2 reste dans la zone restrictive pendant plus de 3 secondes.
Interprétation :
C'est une action légale de A2. Bien que l'équipe A contrôle le ballon, le chronomètre de jeu n'a pas encore démarré.

Article 28 8 SECONDES

28-1   Principe   Temps restant sur les 8 secondes en cas de possession alternée
Le chronomètre des tirs est arrêté à cause d'une situation d'entre-deux en zone arrière. Si la remise en jeu de possession alternée en résultant est attribuée à l'équipe qui contrôlait le ballon dans sa zone arrière, la période des 8 secondes doit se poursuivre.

28-2   Exemple :
A1 dribble dans sa zone arrière depuis 5 secondes lorsqu'un ballon tenu se produit. L'équipe A bénéficie du droit à la prochaine remise en jeu de possession alternée.
Interprétation : L'équipe A ne doit bénéficier que des 3 secondes restantes pour amener le ballon dans sa zone avant.

28-3   Principe   8" et franchissement de la ligne médiane
Pendant un dribble de la zone arrière vers la zone avant, le ballon passe dans la zone avant quand les deux pieds du dribbleur et le ballon sont complètement en contact avec sa zone avant.

28-4   Exemple   8" en cours, pas de retour en zone si passe entre joueur à cheval sur la ligne médiane
A1 se tient à cheval sur la ligne médiane et reçoit le ballon de A2 qui se trouve en zone arrière. A1 renvoie ensuite le ballon à A2 qui :
>   a) Est toujours dans sa zone arrière.
>   b) Est à cheval sur la ligne médiane
>   c) Est à cheval sur la ligne médiane puis dribble en zone arrière

Interprétation : Dans tous les cas, c'est une action légale de l'équipe A. A1 n'a pas les deux pieds complètement en contact avec sa zone avant, et de ce fait A1 est autorisé à passer le ballon vers sa zone arrière. La période de 8 secondes doit se poursuivre.

28-5   Exemple   8" et dribble à cheval sur la ligne médiane
A1 dribble depuis sa zone arrière et arrête sa progression vers l'avant tout en continuant à dribbler alors que :
a) Il est à cheval sur la ligne médiane,
b) Ses deux pieds sont en zone avant mais que le ballon est dribblé dans sa zone arrière,
c) Ses deux pieds sont en zone avant tandis que le ballon est dribblé en zone arrière, après quoi A1 retourne en zone arrière.
d) Ses deux pieds sont en zone arrière et que le ballon est dribblé en zone avant.
Interprétation : Dans tous les cas, c'est une action légale de A1. Le dribbleur A1 continue à être en zone arrière jusqu'à ce que, à la fois, ses deux pieds et le ballon soient complètement en contact avec sa zone avant. La période de 8 secondes doit se poursuivre.

28-6   Principe   8" et remise en jeu après annulation de sanction identiques
A chaque fois que la période des 8 secondes se poursuit avec le temps restant et que la même équipe qui avait précédemment le contrôle du ballon bénéficie d'une remise en jeu dans sa zone arrière, l'arbitre remettant le ballon doit informer le joueur effectuant la remise en jeu sur le temps restant sur la période des 8 secondes.

28-7   Exemple   8" et remise en jeu après double faute
A1 dribble dans sa zone arrière depuis 6 secondes lorsqu'une double faute est sifflée :
a) Dans sa zone arrière.
b) Dans sa zone avant.
Interprétation :
a) Le jeu reprendra par une remise en jeu de l'équipe A dans sa zone arrière au plus près du lieu de la double faute. L'arbitre doit informer le joueur A effectuant la remise en jeu que son équipe a 2 secondes pour amener le ballon dans sa zone avant.
b) Le jeu reprendra par une remise en jeu de l'équipe A dans sa zone avant au plus près du lieu de la double faute.

28-8   Exemple   8" et remise en jeu après
A1 dribble en zone arrière depuis 4 secondes quand B1 pousse le ballon hors du terrain dans la zone arrière de l'équipe A.
Interprétation : Le jeu doit reprendre par une remise en jeu de l'équipe A en zone arrière depuis le point le plus proche de celui où le ballon est sorti du terrain avec 4 secondes pour amener le ballon dans sa zone avant. L'arbitre doit informer le joueur A effectuant la remise en jeu que son équipe a 4 secondes pour amener le ballon en zone avant.

28-9   Principe   8" et jeu stoppé désavantageant une équipe
Si le jeu est interrompu par un arbitre pour n'importe quelle raison valable qui n'est pas en lien avec l'une ou l'autre des équipes et que, du jugement des arbitres, les adversaires seraient placés en situation de désavantage, la période de 8 secondes doit se poursuivre.

28-10   Exemple   8" et jeu stoppé dans les dernières secondes
Avec 25 secondes restant sur le chronomètre de jeu dans le quatrième quart-temps et alors que le score est de A :72 - B :72, l'équipe A prend le contrôle du ballon. A1 dribble depuis 5 secondes en zone arrière quand le jeu est interrompu par les arbitres parce que :
a)   Le chronomètre de jeu ou le chronomètre des tirs n'a pas démarré ou n'a pas été stoppé
b)   Une bouteille a été jetée sur le terrain de jeu
c)   Le chronomètre des tirs a été réinitialisé par erreur
Interprétation : Dans tous les cas, le jeu doit reprendre par une remise en jeu de l'équipe A depuis sa zone arrière, avec 3 secondes restant au titre de la période des 8 secondes. L'équipe B aurait été placée en situation de désavantage si le jeu avait repris avec une nouvelle période de 8 secondes.

28-11   Principe   8" et lieu de remise en jeu
A la suite d'une violation des 8 secondes, le lieu de la remise en jeu est déterminé par l'endroit où se trouvait le ballon quand la violation s'est produite.

28-12   Exemple
La période de 8 secondes pour l'équipe A expire et une violation doit être sifflée au moment où :
a)   L'équipe A contrôle le ballon dans sa zone arrière
b)   Le ballon est en l'air lors d'une passe de A1 effectuée depuis sa zone arrière vers sa zone avant
Interprétation :
La remise en jeu pour l'équipe B doit être effectuée dans sa zone avant :
a)   Au plus près de l'endroit où était le ballon quand la violation des 8 secondes s'est produite, excepté directement derrière le panneau
b)   Au point le plus proche de la ligne médiane
L'équipe B doit avoir 14 secondes sur le chronomètre des tirs.

Article 29/50 CHRONOMETRE DES TIRS

29/50-1   Principe   Ballon ne touchant pas l'anneau après un tir suivi du signal des 24"
Un tir au panier est tenté près de la fin de la période du chronomètre des tirs et le signal sonore du chronomètre des tirs retentit alors que le ballon est en l'air.
• Si le ballon pénètre dans le panier, le panier doit compter.
• Si le ballon manque l'anneau, une violation a été commise, à moins que les adversaires ne prennent un contrôle clair et immédiat du ballon. Le ballon doit être attribué aux adversaires pour une remise en jeu au plus près de l'endroit où le jeu a été arrêté par l'arbitre, sauf directement derrière le panneau.

29/50-2   Exemple   Tir, 24" et non contrôle clair et immédiat du ballon par l'adversaire
Sur un tir au panier de A1, le ballon est en l'air lorsque le signal sonore du chronomètre des tirs retentit. Le ballon touche le panneau et roule ensuite au sol sur le terrain de jeu où il est touché en premier par B1 puis ensuite par A2 avant d'être finalement contrôlé par B2.
Interprétation :
C'est une violation du chronomètre des tirs par l'équipe A. Le tir de A1 manque l'anneau et l'équipe B n'a pas pris un contrôle clair et immédiat du ballon.

29/50-3   Exemple   Air-ball et non contrôle immédiat

Lors d'un tir au panier de A1, le ballon touche le panneau mais manque l'anneau. Lors du rebond, le ballon est alors touché mais pas contrôlé par B1, après quoi A2 prend le contrôle du ballon. A cet instant, le signal sonore du chronomètre des tirs retentit.

Interprétation :

C'est une violation du chronomètre des tirs par l'équipe A.

29/50-4   Exemple   Faute normale, FU, FT ou FD après tir contré et après le signal de 24"

A1 tire au panier à la fin d'une période du chronomètre des tirs. Le tir est légalement contré par B1 et ensuite le signal sonore du chronomètre des tirs retentit. B1 commet alors une faute sur A1.

Interprétation :

C'est une violation du chronomètre des tirs par l'équipe A. La faute de B1 sur A1 doit être ignorée sauf si c'est une faute antisportive ou une faute disqualifiante.

29/50-5   Exemple   24", air ball et ballon tenu

Sur un tir au panier de A1, le ballon est en l'air lorsque le signal sonore du chronomètre des tirs retentit. Le ballon manque l'anneau et ensuite :

  d) Un ballon tenu entre A2 et B2 se produit.
  e) B1 chasse le ballon en dehors des limites du terrain

Interprétation :

Dans les 2 cas, c'est une violation du chronomètre des tirs par l'équipe A. L'équipe B n'a pas pris un contrôle clair et immédiat du ballon.

29/50-6   Exemple   Faute, 24", puis le ballon pénètre dans le panier

B1 est sanctionné d'une faute sur A1 qui est en action de tir au panier approximativement en même temps que le signal du chronomètre des tirs. Le ballon pénètre dans le panier.

Interprétation :

Dans les cas suivants :

  a) Si le ballon était toujours dans les mains de A1 et que la faute de B1 se produit avant que la période de tir expire, ou
  b) Si le ballon était en l'air sur le tir au panier de A1 et que la faute de B1 se produit avant que la période de tir expire, ou
  c) Si le ballon est en l'air sur le tir au panier de A1 et que la faute de B1 se produit après que la période de tir expire, …
  … ce n'est pas une violation. Le panier de A1 doit compter. A1 doit tenter un lancer-franc supplémentaire. Le jeu doit reprendre comme après tout dernier tir de lancer-franc.

  d) Si A1 a encore le ballon dans les mains et que la faute de B1 se produit après que la période de tir a expiré, …
  … c'est une violation du chronomètre des tirs. Le panier de A1 ne doit pas compter. La faute de B1 doit être ignorée, à moins que ce soit une faute antisportive ou une faute disqualifiante. Le jeu doit reprendre par une remise en jeu par l'équipe B depuis le prolongement de la ligne de lancers-francs.

29/50-7   Exemple   Fin de quart-temps après signal sonore des 24 secondes sur air ball

Avec 25,2 secondes sur le chronomètre de jeu, l'équipe A prend le contrôle du ballon. Avec 1 seconde sur le chronomètre des tirs, A1 tente un tir au panier.

Alors que le ballon est en l'air, le signal sonore du chronomètre des tirs retentit. Le ballon manque l'anneau et :

  a) Après 1,2 sec supplémentaire, le signal sonore du chronomètre de jeu annonçant la fin du quart-temps retentit.
  b) A2 prend le rebond. L'arbitre siffle la violation alors qu'il reste 0,8 secondes sur le chronomètre de jeu.

Interprétation :

a) Il n'y a pas de violation du chronomètre des tirs par l'équipe A. L'arbitre attendait de voir si l'équipe B gagnerait le contrôle clair et immédiat du ballon et de ce fait n'a pas sifflé de violation. Le quart-temps est terminé.

b) C'est une violation du chronomètre des tirs par l'équipe A. Le jeu doit reprendre par une remise en jeu par l'équipe B depuis l'endroit le plus proche d'où le jeu a été arrêté, avec 0,8 secondes sur le chronomètre de jeu.

29/50-8   Exemple   Coup de sifflet décalé pour violation des 24'' avec le ballon en main

Avec 25,2 secondes sur le chronomètre de jeu en fin du 2ème quart-temps, l'équipe A prend le contrôle du ballon. Il reste 1,2 secondes à jouer sur le chronomètre de jeu et A1 a le ballon dans les mains quand le signal sonore du chronomètre des tirs retentit. Les arbitres sifflent une violation alors que le chronomètre de jeu indique 0,8 secondes.

Interprétation :

C'est une violation du chronomètre des tirs par l'équipe A. Comme la violation est intervenue avec 1,2 secondes sur le chronomètre de jeu, les arbitres doivent décider de corriger le chronomètre de jeu. Le jeu doit reprendre par une remise en jeu pour l'équipe B au plus près de l'endroit où le jeu a été arrêté, excepté directement derrière le panier, avec 1,2 secondes sur le chronomètre de jeu.

29/50-9   Principe   24" et futur contrôle clair et immédiat du ballon

Si le signal du chronomètre des tirs retentit et, selon le jugement de l'arbitre, les adversaires prennent un contrôle clair et immédiat du ballon, le signal du chronomètre des tirs doit être ignoré. Le jeu doit reprendre.

29/50-10   Exemple   24" et interception

A l'approche de la fin de la période du chronomètre des tirs, A1 manque sa passe à A2 (tous deux sont en zone avant) et le ballon roule dans la zone arrière de l'équipe A. Le signal du chronomètre des tirs retentit avant que B1 s'empare du contrôle du ballon avec le chemin du panier ouvert devant lui.

Interprétation :

Comme B1 prend un contrôle clair et immédiat du ballon, le signal doit être ignoré. Le jeu doit continuer.

29/50-11   Principe   Possession alternée et 24"

Si l'équipe qui était en contrôle du ballon se voit attribuer une remise en jeu de possession alternée, cette équipe ne doit bénéficier que du temps restant sur le chronomètre des tirs au moment où la situation d'entre-deux s'est produite.

29/50-12   Exemple   24" et ballon tenu

L'équipe A contrôle le ballon dans sa zone avant avec 10 secondes sur le chronomètre des tirs lorsqu'une situation d'entre-deux se produit. Une remise en jeu de possession alternée est attribuée à :

a) L'équipe A,

b) L'équipe B.

Interprétation :

a) L'équipe A doit avoir 10 secondes sur le chronomètre des tirs

b) L'équipe B doit avoir 24 secondes sur le chronomètre des tirs.

29/50-13   Principe   24" et violation ou faute en zone avant

Si le jeu est arrêté par un arbitre pour une faute ou une violation commise par l'équipe qui n'est pas en contrôle du ballon (à l'exception d'un ballon sorti des limites du terrain), et que la possession du ballon est accordée à la même équipe qui avait précédemment le contrôle du ballon dans sa zone avant, le chronomètre des tirs doit être réglé comme suit :

- Si 14 secondes ou plus sont affichées sur le chronomètre des tirs au moment où le jeu a été arrêté, le chronomètre des tirs doit continuer avec le temps restant sur le chronomètre des tirs.

- Si 13 secondes ou moins sont affichées sur le chronomètre des tirs au moment où le jeu a été arrêté, l'équipe doit avoir14 secondes sur le chronomètre des tirs.

29/50-14   Exemple   24" et ballon sorti en zone avant

Alors qu'il reste 8 secondes sur le chronomètre des tirs, A1 dribble en zone avant lorsque :
   a) B1 chasse le ballon hors des limites du terrain dans la zone avant de l'équipe A.
   b) B1 commet une faute sur A1. C'est la seconde faute d'équipe de l'équipe B dans le quart-temps
Interprétation : Le jeu doit reprendre par une remise en jeu de l'équipe A en zone avant avec :
   a) 8 secondes
   b) 14 secondes
… sur le chronomètre des tirs.

29/50-15   Exemple   24"et blessure en zone avant

Alors qu'il reste 4 secondes sur le chronomètre des tirs, l'équipe A est en contrôle du ballon en zone avant lorsque :
a) A1
b) B1
…se blesse. Les arbitres interrompent le jeu.
Interprétation :
L'équipe A doit avoir :
a) 4 secondes
b) 14 secondes
…sur le chronomètre des tirs.

29/50-16   Exemple   24" et double faute

Avec 6 secondes sur le chronomètre des tirs, le ballon est en l'air sur le tir de A1 quand une double faute est sifflée contre A2 et B2. La flèche de possession alternée est en faveur de l'équipe A.
   a) Le ballon manque l'anneau.
   b) Le ballon touche l'anneau
Interprétation :
L'équipe A doit avoir :
   a) 6 secondes,
   b) 14 secondes,
… sur le chronomètre des tirs.

29/50-17   Exemple   24" et double faute technique

Avec 5 secondes sur le chronomètre des tirs, A1 dribble quand B1 est sanctionné d'une faute technique, puis, ensuite, l'entraineur principal de l'équipe A est sanctionné d'une faute technique.
Interprétation :
Après annulation des réparations égales, le jeu doit reprendre par une remise en jeu de l'équipe A. L'équipe A doit avoir 5 secondes sur le chronomètre des tirs.

29/50-18   Exemple   24" et pied

Alors qu'il reste :
a) 16 secondes
b) 12 secondes
… sur le chronomètre des tirs, A1 passe le ballon à A2 dans sa zone avant quand B1 dans sa propre zone arrière frappe délibérément de ballon du pied ou du poing.
Interprétation :
Dans les 2 cas, violation de B1 pour avoir frappé le ballon du pied ou du poing. Le jeu doit reprendre par une remise en jeu de l'équipe A depuis sa zone avant avec :
a) 16 secondes
b) 14 secondes

.. sur le chronomètre des tirs.

29/50-19   **Exemple**   **24" et faute antisportive en zone avant**
Avec 6 secondes sur le chronomètre des tirs, A1 dribble dans sa zone avant quand B1 est sanctionné d'une faute antisportive sur A2.

Interprétation :
Après les 2 lancers-francs de A2 sans alignement, qu'ils soient ou non réussis, le jeu devra reprendre par une remise en jeu de l'équipe A depuis la ligne de remise en jeu dans sa zone avant. L'équipe A devra avoir 14 secondes sur le chronomètre des tirs.
Cette même interprétation s'applique également aux fautes disqualifiantes.

29/50-20   **Principe**   **24" et situations de désavantage**
Si le jeu est arrêté par un arbitre pour toute raison valable qui n'est en rapport avec aucune des deux équipes et si, selon le jugement d'un arbitre, les adversaires seraient placés en situation de désavantage, le décompte des vingt-quatre secondes doit reprendre avec le temps restant sur le chronomètre des tirs.

29/50-21   **Exemple**   **24" et jeu stoppé dans les dernières secondes**
Avec 25 secondes restant sur le chronomètre de jeu dans le 4ème quart-temps, alors que le score est de : A 72 – B 72, l'équipe A prend le contrôle du ballon dans sa zone avant. A1 dribble depuis 20 secondes quand le jeu est arrêté par les arbitres parce que :
a) Le chronomètre de jeu ou celui des tirs ne s'est pas déclenché ou s'est arrêté par erreur
b) Une bouteille a été lancée sur le terrain de jeu,
c) Le chronomètre des tirs a été réinitialisé à tort
Interprétation :
Dans tous les cas, le jeu doit reprendre par une remise en jeu de l'équipe A avec 4 secondes sur le chronomètre des tirs. L'équipe B serait désavantagée si le jeu reprenait sans qu'il n'y ait de temps restant sur le chronomètre des tirs.

29/50-22   **Exemple**   **24" retentit par erreur après que le ballon a touché l'anneau**
Lors du tir au panier de A1, le ballon rebondit sur l'anneau. A2 prend le rebond et 9 secondes plus tard, le signal sonore du chronomètre des tirs retentit par erreur. Les arbitres interrompent le jeu.
Interprétation :
L'équipe A serait désavantagée si une violation du chronomètre des tirs était sifflée. Après consultation du commissaire, si présent, et du chronométreur des tirs, le jeu doit reprendre par une remise en jeu pour l'équipe A. L'équipe A devra avoir 5 secondes sur le chronomètre des tirs.

29/50-23   **Exemple**   **24" remis à 24" par erreur, puis panier marqué**
Avec 4 secondes restant sur le chronomètre des tirs, A1 tente un tir du terrain. Le ballon manque l'anneau mais le chronométreur des tirs réinitialise le chronomètre des tirs par erreur. A2 prend le rebond et après un certain temps A3 tire et marque un panier. A ce moment-là, les arbitres reconnaissent l'erreur.
Interprétation :
Les arbitres, après consultation du commissaire s'il est présent, doivent confirmer que le ballon n'avait pas touché l'anneau lors du tir au panier de A1.
Si tel est le cas, ils doivent décider alors si le ballon avait quitté les mains de A3 avant le moment où le signal aurait dû sonner si le chronomètre des tirs n'avait pas été réinitialisé.
- Si c'est le cas, le panier doit compter
- Sinon, une violation du chronomètre des tirs se sera produite et le panier de A3 ne devra pas compter.

29/50-24 **Principe** **Réglage des 24 secondes lors d'une faute défensive après tir**

Le ballon est lâché lors d'un tir au panier et une faute est ensuite sifflée contre un défenseur dans la zone avant du tireur. Si le jeu doit reprendre par une remise en jeu, le chronomètre des tirs doit être réglé comme suit :

- Si 14 secondes ou plus était affichées sur le chronomètre des tirs au moment où le jeu a été arrêté, le chronomètre des tirs ne doit pas être réinitialisé et doit continuer depuis le temps où il a été arrêté
- Si 13 secondes ou moins était affichées sur le chronomètre des tirs au moment où le jeu a été arrêté, le chronomètre des tirs doit être réinitialisé à 14 secondes.

29/50-25 **Exemple** **Tir puis faute défensive en zone arrière (2ème faute d'équipe)**

A1 tente un tir au panier. Le ballon pénètre dans le panier. B2 est alors sanctionné dans sa zone arrière d'une faute sur A2. C'est la 3ème faute de l'équipe B dans le quart-temps.

Interprétation : Le panier de A1 doit compter. Le jeu doit reprendre par une remise en jeu pour l'équipe A depuis l'endroit le plus proche d'où la faute de B2 s'est produite. L'équipe A devra avoir 14 secondes sur le chronomètre des tirs.

29/50-26 **Exemple** **Tir puis faute défensive hors ballon (2ème faute d'équipe) avec 17" restant aux 24"**

Avec 17 secondes sur le chronomètre des tirs, A1 tente un tir au panier puis, alors que le ballon est en l'air, B2 est sanctionné dans sa zone arrière d'une faute sur A2. C'est la 2ème faute de l'équipe B dans le quart-temps. Le ballon :
a) Rebondit sur l'anneau mais ne pénètre pas dans le panier
b) Manque l'anneau

Interprétation

Dans les deux cas, le jeu doit reprendre par une remise en jeu pour l'équipe A dans sa zone avant au plus près de l'endroit où la faute de B2 a été commise. L'équipe A doit avoir 17 secondes sur le chronomètre des tirs.

29/50-27 **Exemple** **Tir puis faute défensive hors ballon (2ème faute d'équipe) avec 10" aux 24"**

Avec 10 secondes sur le chronomètre des tirs, A1 tente un tir au panier puis, alors que le ballon est en l'air, B2 est sanctionné dans sa zone arrière d'une faute sur A2. C'est la 2ème faute de l'équipe B dans le quart-temps. Le ballon :
a) Pénètre dans le panier
b) Rebondit sur l'anneau mais ne pénètre pas dans le panier
c) Manque l'anneau

Interprétation

a) Le panier de A1 doit compter.

Dans tous les cas, le jeu doit reprendre par une remise en jeu pour l'équipe A dans sa zone avant au plus près de l'endroit où la faute de B2 a été commise. L'équipe A devra avoir 14 secondes sur le chronomètre des tirs.

29/50-28 **Exemple** **Tir puis faute défensive hors ballon (2ème faute d'équipe) après signal des 24"**

Alors que le ballon est en l'air sur un tir au panier de A1, le signal du chronomètre des tirs retentit. B2 est alors sanctionné dans sa zone arrière d'une faute sur A2. C'est la 2ème faute de l'équipe B dans le quart-temps. Le ballon :
a) Pénètre dans le panier
b) Rebondit sur l'anneau mais ne pénètre pas dans le panier
c) Manque l'anneau

Interprétation

a) Le panier de A1 doit compter.

Dans tous les cas, ce n'est pas une violation du chronomètre des tirs par l'équipe A. Le jeu doit reprendre par une remise en jeu pour l'équipe A dans sa zone avant au plus près de l'endroit où la faute de B2 a été commise. L'équipe A devra avoir 14 secondes sur le chronomètre des tirs.

29/50-29   Exemple   Tir puis faute défensive hors ballon (5ème faute d'équipe) avec 10 secondes aux 24"

Avec 10 secondes sur le chronomètre des tirs, A1 tente un tir au panier puis, alors que le ballon est en l'air, B2 est sanctionné d'une faute sur A2. C'est la 5ème faute de l'équipe B dans le quart-temps. Le ballon :
a) Pénètre dans le panier
b) Rebondit sur l'anneau mais ne pénètre pas dans le panier
c) Manque l'anneau

Interprétation :
a) Le panier de A1 doit compter.
Dans tous les cas, ce n'est pas une violation du chronomètre des tirs. A2 doit tenter 2 lancers-francs. Le jeu doit reprendre ensuite comme après tout dernier lancer-franc.

29/50-30   Exemple   Tir puis faute défensive hors ballon (5ème faute d'équipe) après le signal des 24"

A1 tente un tir au panier. Alors que le ballon est en l'air le signal du chronomètre des tirs retentit. B2 commet ensuite une faute sur A2. C'est la 5ème faute de l'équipe B dans le quart-temps. Le ballon :
a) Pénètre dans le panier
b) Rebondit sur l'anneau mais ne pénètre pas dans le panier
c) Manque l'anneau

Interprétation
a) Le panier de A1 doit compter.
Dans tous les cas, il n'y a eu de violation du chronomètre des tirs. A2 doit tenter 2 lancers-francs.

29/50-31   Exemple   Faute technique sur tir au buzzer des 24"

Lors d'un tir au panier de A1, le ballon est en l'air lorsque le signal du chronomètre des tirs retentit. A2 ou B2 est alors sanctionné d'une faute technique avant que le ballon :
a) Pénètre dans le panier
b) Rebondisse sur l'anneau mais ne pénètre pas dans le panier

Interprétation :
Dans tous les cas, n'importe quel joueur de l'équipe A (pour la faute technique de B2) et ou de l'équipe B (pour la faute technique de A2) doit tenter 1 lancer-franc sans alignement.
  a) Le panier de A1 doit compter. Après le lancer-franc, le jeu doit reprendre par une remise en jeu de l'équipe B depuis sa ligne de fond.
  b) C'est une situation d'entre-deux. Le jeu doit reprendre comme suit :
    • Si la flèche d'alternance est en faveur de l'équipe A, il y a violation du chronomètre des tirs. Le ballon doit être accordé à l'équipe B pour une remise en zone arrière avec 24 secondes au chronomètre des tirs.
    • Si la flèche d'alternance est en faveur de l'équipe B, le ballon doit être accordé à l'équipe B pour une remise en zone arrière avec 24 secondes au chronomètre des tirs.

29/50-32   Principe   24" si faute antisportive ou disqualifiante
Une remise en jeu résultant de la sanction d'une faute antisportive ou disqualifiante doit être administrée depuis la ligne de remise en jeu dans la zone avant de l'équipe. L'équipe doit avoir 14 secondes sur le chronomètre des tirs.

29/50-33   Exemple   24"si temps-mort après faute antisportive lors des 2 dernières minutes
Avec 1'12" sur le chronomètre de jeu dans le 4ème quart-temps et 6 secondes sur le chronomètre des tirs, A1 dribble dans sa zone avant lorsque B1 est sanctionné d'une faute antisportive commise sur A1.

Après le premier lancer-franc de A1, un temps-mort est demandé par l'entraineur principal A ou l'entraineur principal B.

Interprétation :

A1 doit tenter le second lancer-franc sans alignement. Le temps-mort doit être ensuite accordé. Après le temps-mort, le jeu doit reprendre par une remise en jeu de l'équipe A depuis la ligne de remise en jeu dans sa zone avant. Le chronomètre des tirs doit afficher 14 secondes.

29/50-34   **Exemple**   14" sur REJ après faute antisportive ou disqualifiante

Avec 19" sur le chronomètre des tirs, A1 dribble dans sa zone avant lorsque B2 est sanctionné d'une faute antisportive commise sur A2.

Interprétation :

Après les 2 lancers-francs de A2, quel que soit le nombre de lancers-francs réussis ou manqués, le jeu devra reprendre par une remise en jeu de l'équipe A depuis la ligne de remise en jeu dans sa zone avant. L'équipe A devra avoir 14 secondes sur le chronomètre des tirs.

Cette même interprétation s'applique également aux fautes disqualifiantes.

29/50-35   **Principe**   14" si le ballon touche l'anneau de l'adversaire

Après que le ballon a touché l'anneau adverse quelle qu'en soit la raison, si l'équipe qui gagne le contrôle du ballon est la même que celle qui contrôlait le ballon avant que celui-ci touche l'anneau, cette équipe doit avoir 14 secondes sur le chronomètre des tirs.

29/50-36   **Exemple**   14" si le ballon touche B2 puis l'anneau avant rebond par A3

Pendant une passe de A1 vers A2, le ballon touche B2 et ensuite celui-ci touche l'anneau. A3 reprend ensuite le contrôle du ballon.

Interprétation :

L'équipe A doit avoir 14 secondes sur le chronomètre des tirs dès qu'A3 gagne le contrôle du ballon, quel que soit l'endroit sur le terrain de jeu.

29/50-37   **Exemple**   14" si ballon gagné par A2 en zone avant ou arrière après tir à 20"

A1 tente un tir au panier avec :
a) 4 secondes,
b) 20 secondes
… sur le chronomètre des tirs. Le ballon rebondit sur l'anneau, et A2 gagne ensuite le contrôle du ballon.

Interprétation :

Dans les 2 cas, l'équipe A doit avoir 14 secondes sur le chronomètre des tirs dès qu'A2 gagne le contrôle du ballon, quel que soit l'endroit sur le terrain de jeu.

29/50-38   **Exemple**   14" si ballon touché au rebond par B1 mais contrôlé par A2

A1 tente un tir au panier. Le ballon touche l'anneau.
a) B1 touche le ballon,
b) A2 tape le ballon,
… puis A3 prend le contrôle du ballon.

Interprétation :

Dans les 2 cas, l'équipe A doit avoir 14 secondes sur le chronomètre des tirs dès qu'A3 gagne le contrôle du ballon, quel que soit l'endroit sur le terrain de jeu.

29/50-39   **Exemple**   14" si le ballon sort en faveur de A après avoir touché l'anneau

A1 tente un tir au panier. Le ballon touche l'anneau. B1 touche ensuite le ballon qui sort des limites du terrain.

Interprétation :

Le jeu doit reprendre par une remise en jeu pour l'équipe A au plus près de l'endroit d'où est sorti le ballon. L'équipe A doit avoir 14 secondes sur le chronomètre des tirs, quel que soit l'endroit où la remise en jeu est administrée.

29/50-40   **Exemple**   **14"si le ballon sort pour A en zone arrière après avoir touché l'anneau**

Avec 4 secondes sur le chronomètre des tirs, A1 lance le ballon sur l'anneau pour bénéficier d'une nouvelle période de tir. Le ballon touche l'anneau. B1 touche alors le ballon avant que celui-ci sorte des limites du terrain dans la zone arrière de l'équipe A.

Interprétation :
Le jeu doit reprendre par une remise en jeu pour l'équipe A dans sa zone arrière au plus près de l'endroit où est sorti le ballon. L'équipe A doit avoir 14 secondes sur le chronomètre des tirs.

29/50-41   **Exemple**   **14" si 3ème faute d'équipe après rebond et anneau touché**

Avec 6 secondes sur le chronomètre des tirs, A1 tente un tir au panier. Le ballon touche l'anneau et A2 prend le contrôle du ballon. B2 commet alors une faute au rebond sur A2. C'est la 3ème faute de l'équipe B dans le quart-temps.

Interprétation :
Le jeu doit reprendre par une remise en jeu pour l'équipe A au plus près de l'endroit où la faute de B2 a été commise. L'équipe A doit avoir 14 secondes sur le chronomètre des tirs.

29/50-42   **Exemple**   **14" si ballon tenu au rebond avec flèche pour A**

A1 tente un tir au panier. Le ballon touche l'anneau et sur le rebond, un ballon tenu est sifflé entre A2 et B2. La flèche de possession alternée est en faveur de l'équipe A.

Interprétation :
Le jeu doit reprendre par une remise en jeu pour l'équipe A au plus près de l'endroit où le ballon tenu entre A2 et B2 s'est produit. L'équipe A doit avoir 14 secondes sur le chronomètre des tirs.

29/50-43   **Exemple**   **Remise à 14'' si le ballon se coince entre l'anneau et le panier de l'adversaire**

A1 tente un tir au panier avec :
      a) 8 secondes sur le chronomètre des tirs,
      b) 17 secondes sur le chronomètre des tirs,
Le ballon se coince entre l'anneau et le panneau. La flèche de possession alternée indique l'équipe A.

Interprétation : Dans les deux cas, le jeu doit reprendre par une remise en jeu pour l'équipe A depuis derrière la ligne de fond de sa zone avant à proximité du panneau. L'équipe A doit avoir 14 secondes sur le chronomètre des tirs.

29/50-44   **Exemple**   **14" si le ballon touche le panier de l'adversaire sur une passe**

A1, dans sa zone avant, passe le ballon à A2 pour un alley-oop. A2 n'attrape pas le ballon et le ballon touche l'anneau après quoi A3 prend le contrôle du ballon …
      a) Dans la zone avant de l'équipe A
      b) Dans la zone arrière de l'équipe A

Interprétation :
      a) L'équipe A doit avoir 14 secondes sur le chronomètre des tirs
      b) C'est une violation de retour en zone arrière par l'équipe A qui n'a pas perdu le contrôle du ballon.

29/50-45   **Exemple**   **14" si un ballon tenu est sifflé en faveur de l'attaque après rebond**

Le tir au panier de A1 touche l'anneau. B1 prend le rebond et revient au sol. A2 chasse alors le ballon des mains de B1. A3 attrape alors le ballon.

Interprétation :
L'équipe B (B1) a pris clairement le contrôle du ballon au cours du rebond ; puis l'équipe A a gagné un nouveau contrôle du ballon (A3). L'équipe A doit avoir 24 secondes sur le chronomètre des tirs.

29/50-46   **Exemple**   **24'' et anneau touché sur une remise en jeu**

Avec 5 secondes sur le chronomètre des tirs, A1 passe le ballon sur une remise en jeu en direction du panier de l'équipe B. Le ballon touche l'anneau. Puis le ballon est touché mais non contrôlé par A2 et/ou B2.

Interprétation :

Le chronomètre de jeu et le chronomètre des tirs doivent démarrer en même temps, au moment où ce ballon touche ou est touché par n'importe quel joueur sur le terrain.

- Si l'équipe A prend ensuite le contrôle du ballon sur le terrain de jeu, elle doit avoir 14 secondes au chronomètre des tirs.
- Si l'équipe B prend ensuite le contrôle du ballon sur le terrain de jeu, elle doit avoir 24 secondes au chronomètre des tirs.

29/50-47   **Principe**   **Toujours 24'' en cas de changement de contrôle sur le terrain**

Pendant le jeu alors que le chronomètre de jeu tourne, quelle que soit l'équipe qui prend une nouvelle possession d'un ballon vivant sur le terrain, que ce soit en zone avant ou en zone arrière, cette équipe doit avoir 24 secondes sur le chronomètre des tirs.

29/50-48   **Exemple**   **24'' en cas de changement de contrôle sur le terrain en zone avant**

Alors que le chronomètre de jeu tourne, A1 gagne la possession du ballon sur le terrain de jeu :
a) Dans sa zone avant.
b) Dans sa zone arrière.

Interprétation :

Dans les 2 cas, l'équipe A doit avoir 24 secondes sur le chronomètre des tirs.

29/50-49   **Exemple**   **24'' en cas d'interception sur REJ**

Après une remise en jeu de l'équipe B, A1 prend un contrôle clair et immédiatement du ballon sur le terrain de jeu :
a) Dans sa zone arrière,
b) Dans sa zone avant.

Interprétation : Dans les 2 cas, l'équipe A doit avoir 24 secondes sur le chronomètre des tirs.

29/50-50   **Principe**   **14'' en cas de violation ou de faute de l'équipe qui contrôle le ballon, s'il y a REJ en zone avant.**

Le jeu est arrêté par un arbitre pour une faute ou une violation (incluant une sortie du ballon des limites du terrain) commise par l'équipe en contrôle du ballon. Si le ballon est accordé aux adversaires, pour une remise en jeu en zone avant, cette équipe devra avoir 14 secondes sur le chronomètre des tirs.

29/50-51   **Exemple**   **14'' pour équipe B si équipe A fait sortir le ballon dans sa zone arrière**

A1 situé dans sa zone arrière passe le ballon à A2. A2 touche le ballon mais ne l'attrape avant qu'il sorte des limites du terrain dans la zone arrière de l'équipe A.

Interprétation :

Une remise en jeu doit être accordée à l'équipe B au point où le ballon est sorti dans sa zone avant. L'équipe B doit avoir 14 secondes sur le chronomètre des tirs.

29/50-52   **Principe**   **Affichage du chronomètre des tirs quand il reste moins de 24 secondes**

A chaque fois qu'une équipe gagne ou regagne le contrôle d'un ballon vivant n'importe où sur le terrain de jeu avec moins de 24 secondes sur le chronomètre de jeu, le chronomètre des tirs doit être occulté.

Après que le ballon a touché l'anneau du panier de l'adversaire, si l'équipe attaquante reprend le contrôle d'un ballon vivant n'importe où sur le terrain :

- S'il reste moins de 24 secondes et plus de 14 secondes sur le chronomètre de jeu, cette équipe doit avoir 14 secondes sur le chronomètre des tirs.

- S'il reste 14 secondes ou moins au chronomètre de jeu, le chronomètre des tirs doit être occulté.

29/50-53   **Exemple**   **Eteindre le chronomètre des tirs quand il reste 12 secondes à jouer**
Avec 12 secondes de jeu sur le chronomètre de jeu, A1 qui effectue une remise en jeu obtient un nouveau contrôle du ballon.
Interprétation : Le chronomètre des tirs doit être occulté.

29/50-54   **Exemple**   **Réglage des 24" s'il reste entre 14" et 24" à jouer lors d'une violation avec chrono des tirs déjà occulté**
Avec 23 secondes sur le chronomètre de jeu, A1 prend un nouveau contrôle du ballon sur le terrain de jeu. Le chronomètre des tirs doit être occulté. Avec 18 secondes sur le chronomètre de jeu, B. frappe le ballon volontairement du pied dans sa zone arrière.
Interprétation :
Le jeu doit reprendre par une remise en jeu pour l'équipe A dans sa zone avant au plus près du point où B1 a frappé le ballon du pied. Le chronomètre de jeu doit afficher 18 secondes. Le chronomètre des tirs doit rester occulté.

29/50-55   **Exemple**   **Réglage des 24" s'il reste entre 14" et 24" à jouer sur le rebond offensif**
Avec 23 secondes sur le chronomètre de jeu, A1 prend un nouveau contrôle du ballon sur le terrain de jeu. Le chronomètre des tirs doit être occulté. Avec 19 secondes sur le chronomètre de jeu, A1 tente un tir au panier. Le ballon touche l'anneau et A2 prend le rebond avec 16 secondes au chronomètre de jeu.
Interprétation :
Le jeu doit reprendre avec 16 secondes sur le chronomètre de jeu. L'équipe A doit avoir 14 secondes sur le chronomètre des tirs, du fait qu'il reste plus de 14 secondes sur le chronomètre de jeu quand l'équipe A regagne le contrôle du ballon.

29/50-56   **Exemple**   **Réglage 24" sur REJ s'il reste moins de 14" à jouer, après tir raté**
Avec 23 secondes restant sur le chronomètre de jeu, l'équipe A prend un nouveau contrôle du ballon sur le terrain de jeu. Le chronomètre des tirs doit être occulté. Avec 15 secondes sur le chronomètre de jeu, A1 tente un tir au panier. Le ballon touche l'anneau puis B1 tape le ballon qui sort des limites du terrain dans sa zone arrière, avec 12 secondes au chronomètre de jeu.
Interprétation :
Le jeu doit reprendre par une remise en jeu pour l'équipe A dans sa zone avant au plus près du point où est sorti le ballon, avec 12 secondes sur le chronomètre de jeu. Le chronomètre des tirs doit être occulté dans la mesure où il reste moins de 14 secondes sur le chronomètre de jeu quand l'équipe A regagne le contrôle du ballon.

29/50-57   **Exemple**   **Réglage 24" si sortie du ballon dans les 24 dernières secondes**
Avec 22 secondes sur le chronomètre de jeu, l'équipe A prend un nouveau contrôle du ballon sur le terrain de jeu. Le chronomètre des tirs doit être occulté. Avec 18 secondes sur le chronomètre de jeu, A1 tente un tir au panier. Le ballon manque l'anneau puis B1 tape le ballon qui sort des limites du terrain dans sa zone arrière avec 15.5 secondes au chronomètre de jeu.
Interprétation :
Le jeu doit reprendre par une remise en jeu pour l'équipe A dans sa zone avant au plus près du point où est sorti le ballon, avec 15,5 secondes sur le chronomètre de jeu. Le chronomètre des tirs doit continuer à rester occulté.

29/50-58   **Exemple**   **Réglage 24" s'il reste entre 14" et 24" à jouer et qu'un tir manque l'anneau**
Avec 22 secondes sur le chronomètre de jeu, l'équipe A prend un nouveau contrôle du ballon sur le terrain de jeu. Le chronomètre des tirs doit être occulté. Avec 15 secondes sur le chronomètre de jeu, A1 tente un tir au panier. Le ballon manque l'anneau puis B1 touche le ballon qui sort des limites du terrain dans sa zone arrière avec 12 secondes sur le chronomètre de jeu.

Interprétation :
Le jeu doit reprendre par une remise en jeu pour l'équipe A dans sa zone avant au plus près du point où le ballon est sorti des limites du terrain, avec 12 secondes sur le chronomètre de jeu. Le chronomètre des tirs doit continuer à rester occulté dans la mesure où il reste moins de 24 secondes sur le chronomètre de jeu.

Article 30 BALLON RETOURNANT EN ZONE ARRIERE

30-1 Principe   **Joueur en l'air et retour en zone arrière**
Un joueur en l'air conserve le statut qu'il avait sur le terrain de jeu en fonction de l'endroit où il touchait le sol en dernier sur le terrain de jeu avant de sauter en l'air.
Quand un joueur en l'air saute depuis sa zone avant et prend un nouveau contrôle du ballon pour son équipe alors qu'il est toujours en l'air, le joueur peut atterrir avec le ballon n'importe où sur le terrain de jeu. Le joueur ne peut pas passer le ballon à un partenaire situé en zone arrière avant de retomber au sol.

30-2 Exemple   **Pas de retour en zone en cas d'interception en sautant de sa zone avant vers sa zone arrière**
A1 en zone arrière passe le ballon à A2 situé en zone avant. B1 saute depuis sa zone avant, attrape le ballon alors qu'il est en l'air et retombe au sol :
a) Avec les deux pieds en zone arrière
b) À cheval sur la ligne médiane
c) À cheval sur la ligne médiane et ensuite dribble ou passe le ballon en zone arrière.
Interprétation :
Ce n'est pas une violation de retour en zone arrière de l'équipe B. B1 a établi un nouveau contrôle du ballon pour son équipe alors qu'il était en l'air et peut atterrir n'importe où sur le terrain de jeu. Dans tous les cas, B1 se trouve légalement en zone arrière.

30-3 Exemple   **Cas de non-retour en zone sur entre deux**
Lors de l'entre-deux initial entre A1 et B1, le ballon est légalement frappé lorsqu'A2 saute depuis sa zone avant, attrape le ballon alors qu'il est en l'air et retombe :
a) Les deux pieds en zone arrière.
b) À cheval sur la ligne médiane.
c) À cheval sur la ligne médiane et ensuite dribble ou passe le ballon en zone arrière.
Interprétation : Ce n'est pas une violation de retour en zone arrière. A2 a établi le premier contrôle du ballon pour son équipe alors qu'il était en l'air et peut atterrir n'importe où sur le terrain de jeu. Dans tous les cas, A2 se trouve légalement en zone arrière.

30-4 Exemple   **Retour en zone en cas de passe sur REJ à un partenaire sautant depuis sa zone avant et retombant en zone arrière**
Le joueur A1 effectue une remise en jeu dans sa zone avant et passe le ballon à A2. A2 saute en l'air depuis sa zone avant, attrape le ballon en l'air et retombe ensuite au sol :
a) Les deux pieds en zone arrière.
b) À cheval sur la ligne médiane.
c) À cheval sur la ligne médiane et ensuite dribble ou passe le ballon en zone arrière.
Interprétation : Violation de retour en zone arrière de l'équipe A. Lors de la remise en jeu, A1 en effectuant la remise en jeu avait établi le contrôle du ballon pour l'équipe A dans sa zone avant, avant qu'A2 attrape le ballon en l'air et retombe ensuite sur le terrain de jeu dans sa zone arrière.

30-5 Exemple **Retour en zone arrière en cas d'interception en sautant depuis sa zone avant et en passant le ballon en zone arrière**

Le joueur A1 qui effectue une remise en jeu en zone arrière passe le ballon à A2 situé en zone avant. B1 saute depuis sa propre zone avant, attrape le ballon en l'air. Avant de retomber au sol en zone arrière, B1 passe le ballon à B2 situé en zone arrière.

Interprétation :

Violation de retour en zone arrière de l'équipe B. Quand B1, en l'air, saute depuis sa zone avant et qu'il prend un nouveau contrôle du ballon pour son équipe en zone avant alors qu'il est toujours en l'air, B1 peut atterrir avec le ballon n'importe où sur le terrain de jeu. Cependant, il ne peut pas passer le ballon à un partenaire en zone arrière.

30-6 Exemple **Passe depuis la zone arrière d'un joueur en zone avant qui a sauté et attrapé le ballon en zone avant**

Lors de l'entre-deux initial entre A1 et B1, le ballon est tapé légalement vers A2 situé en zone avant. A2 saute en l'air, attrape le ballon toujours en l'air et, avant d'atterrir au sol, passe le ballon à A1 situé en zone arrière.

Interprétation :

C'est une violation de retour en zone arrière de l'équipe A. Alors qu'il est en l'air, A2 peut atterrir avec le ballon n'importe où sur le terrain de jeu. Cependant, A2 ne peut pas passer le ballon à un partenaire en zone arrière avant de retomber au sol.

30-7 Principe **Toucher le ballon contrôlé en zone avant après qu'il a rebondi en zone arrière**

Un ballon vivant est retourné illégalement dans la zone arrière lorsqu'un joueur de l'équipe A situé complètement en zone avant amène le ballon à toucher la zone arrière et qu'un joueur de l'équipe A est ensuite le premier à toucher le ballon aussi bien en zone avant qu'en zone arrière.

Cependant, il est légal qu'un joueur de l'équipe A situé complètement en zone arrière amène le ballon à toucher la zone avant et qu'un joueur de l'équipe A soit ensuite le premier à toucher le ballon aussi bien en zone avant qu'en zone arrière.

30-8 Exemple **Passe illégale de zone avant à zone avant avec rebond en zone arrière**

A1 et A2 se tiennent tous les deux proches de la ligne médiane, chacun avec les deux pieds en zone avant. A1 passe le ballon à rebond à A2. Pendant la passe, le ballon touche la zone arrière de l'équipe A avant qu'A2 le touche à son tour en zone avant.

Interprétation :

Violation de retour en zone arrière de l'équipe A.

30-9 Exemple **Passe légale de zone arrière à zone arrière avec rebond en zone avant**

A1 se tient proche de la ligne médiane avec les deux pieds en zone arrière, quand A1 passe le ballon à rebond à A2 également proche de la ligne médiane avec les deux pieds dans sa zone arrière. Pendant la passe, le ballon touche la zone avant de l'équipe A, avant qu'A2 le touche à son tour.

Interprétation :

Ce n'est pas une violation de retour en zone arrière par l'équipe A dans la mesure où aucun joueur de l'équipe A n'est allé en zone avant avec le ballon. Cependant, le décompte de la période de 8 secondes doit s'arrêter au moment où le ballon touche la zone avant de l'équipe A. Une nouvelle période de 8 secondes doit commencer dès qu'A2 touche le ballon en zone arrière.

30-10 Exemple **Retour en zone et 8" sur ballon dévié par un officiel situé en zone avant**

A1, situé en zone arrière, passe le ballon en zone avant. Le ballon touche un arbitre situé dans le terrain de jeu avec les pieds à cheval sur la ligne médiane. A2, toujours situé dans sa zone arrière, touche le ballon.

Interprétation :

Ce n'est pas une violation de retour en zone arrière de l'équipe A puisqu'aucun joueur de l'équipe A n'a contrôlé le ballon dans sa zone avant. Cependant le décompte de la période des 8 secondes doit s'arrêter au moment où le ballon touche l'arbitre à cheval sur la ligne médiane. Une nouvelle période de 8 secondes doit commencer dès qu'A2 touche le ballon en zone arrière.

30-11 Exemple   Retour en zone si 2 adversaires ont touché ensemble le ballon

L'équipe A est en contrôle du ballon dans sa zone avant quand le ballon est touché simultanément par A1 et B1. Le ballon repart alors vers la zone arrière de l'équipe A où A2 est le premier à le toucher.

Interprétation :

C'est une violation de retour en zone arrière de l'équipe A.

30-12 Cas du joueur dribblant sur son pied en venant de franchir la ligne médiane

A1 dribble de la zone arrière vers la zone avant. A1, avec les deux pieds dans sa zone avant, continue à dribbler en zone arrière. Le ballon touche son pied et rebondit en zone arrière où A2 commence un dribble.

Interprétation :

C'est une action légale de l'équipe A. A1 n'a pas encore établi le contrôle du ballon dans sa zone avant.

30-13 Exemple   Cas du ballon seulement touché en zone avant

A1 en zone arrière passe le ballon à A2 qui se situe en zone avant. A2 touche mais ne contrôle pas le ballon qui retourne vers A1 toujours positionné en zone arrière.

Interprétation :

C'est une action légale de l'équipe A. A1 n'a pas encore contrôlé le ballon en zone avant.

30-14 Exemple   Cas de franchissement de la ligne médiane en recevant une passe sur une REJ en zone avant

A1, qui effectue une remise en jeu depuis sa zone avant, passe le ballon à A2. A2 saute depuis sa zone avant, attrape le ballon et atterrit sur le terrain de jeu avec le pied droit dans sa zone avant puis pose ensuite le pied gauche dans sa zone arrière.

Interprétation :

C'est une violation de retour en zone arrière de l'équipe A. A1 en effectuant la remise en jeu, avait déjà établi le contrôle du ballon par l'équipe A dans sa zone avant.

30-15 Exemple   Cas du ballon frappé par l'adversaire vers la zone arrière

A1 dribble en zone avant proche de la ligne médiane quand B1 tape le ballon en zone arrière de l'équipe A. A1 qui conserve les deux pieds dans sa zone avant continue à dribbler le ballon dans sa zone arrière.

Interprétation :

C'est une action légale de l'équipe A. A1 n'est pas le dernier à avoir touché le ballon en zone avant. A1 pourrait même continuer son dribble en étant complètement en arrière avec une nouvelle période de 8 secondes.

30-16 Exemple   Passe depuis la zone arrière vers un joueur en zone avant qui retombe en zone arrière

A1, situé en zone arrière, passe le ballon à A2 situé en zone avant. A2 saute, attrape le ballon et retombe au sol :
a) Avec les deux pieds en zone arrière
b) En touchant la ligne médiane
c) À cheval sur la ligne médiane et passe ou dribble ensuite en zone arrière.

Interprétation :

Dans tous les cas, c'est une violation de retour en zone arrière de l'équipe A. A2 a établi le contrôle du ballon pour l'équipe A en zone avant lorsqu'il a attrapé le ballon en l'air.

Article 31 GOAL TENDING ET INTERVENTION ILLEGALE

31-1   Principe   Toucher le ballon au travers du panier sur lancer-franc

Lorsque le ballon est au-dessus de l'anneau lors d'un tir au panier ou un lancer-franc, il y a intervention illégale si un joueur touche le ballon en passant le bras à travers le panier par-dessous.

31-2   Exemple

Lors du dernier lancer-franc de A1,

a) Avant que le ballon touche l'anneau,

b) Après que le ballon a touché l'anneau et qu'il a toujours la possibilité de rentrer dans le panier,

… B1 passe le bras à travers le panier par dessous et touche le ballon.

Interprétation :

Dans les 2 cas, c'est une violation d'interférence de B1 et 1 point doit être accordé à A1.

a) B1 doit être sanctionné d'une faute technique

b) B1 ne doit pas être sanctionné d'une faute technique.

31-3   Principe   Toucher le ballon à travers le panier lors d'une passe ou d'un tir

Lorsque le ballon est au-dessus de l'anneau lors d'une passe ou après qu'il a touché l'anneau, il y a intervention illégale si un joueur touche le ballon en passant le bras à travers le panier par dessous.

31-4   Exemple

A1 sur le terrain de jeu passe le ballon au-dessus de l'anneau lorsque B1 passe le bras à travers le panier par dessous et touche le ballon.

Interprétation :

C'est une violation d'intervention illégale de B1. 2 ou 3 points doivent être accordés à A1.

31-5   Principe   Toucher le ballon après un dernier lancer-franc

Le ballon touche l'anneau lors d'un lancer-franc manqué. Si le ballon est ensuite légalement touché par n'importe quel joueur avant qu'il pénètre dans le panier, le lancer-franc devient un panier à 2 points.

31-6   Exemple

Après le dernier lancer-franc de A1, le ballon rebondit sur l'anneau. B1 essaie de chasser le ballon mais le ballon pénètre dans le panier.

Interprétation :

C'est une action légale de B1 de taper le ballon et de le faire pénétrer dans son propre panier. 2 points doivent être accordés au capitaine sur le terrain de l'équipe A.

31-7   Principe   Toucher le ballon après une faute quand le ballon rebondit sur l'anneau

Après que le ballon a touché l'anneau

- Sur une tentative de tir,
- Sur un dernier tir de lancer-franc manqué ou
- Après que le signal du chronomètre de jeu a retenti pour la fin du 4ème quart-temps ou d'une prolongation, …

… une faute est sifflée alors que le ballon a toujours une chance de pénétrer dans le panier. C'est une violation si n'importe quel joueur touche le ballon alors que celui-ci a toujours une chance de pénétrer dans le panier.

31-8   Exemple   Tir, 3ème faute d'équipe au rebond puis ballon touché avec une chance de pénétrer

Après le dernier lancer-franc de A1, le ballon rebondit sur l'anneau. Pendant la situation de rebond, B2 est sanctionné d'une faute sur A2. C'est la 3ème faute de l'équipe B dans le quart-temps. Alors que le ballon a toujours une chance de rentrer dans le panier, il est touché :

a) Par A3
b) Par B3

Interprétation :

Dans les 2 cas, c'est une violation d'intervention illégale de A3 ou de B3.

a) Aucun point ne doit être accordé. Les deux sanctions (remises en jeu) doivent s'annuler l'une et l'autre. Le jeu doit reprendre par une remise en jeu de possession alternée en ligne de fond au plus près du lieu où la faute a été commise, à l'exception de directement derrière le panneau.

b) 1 point doit être accordé à A1. En conséquence de la faute de B2, le jeu doit reprendre par une remise en jeu par l'équipe A depuis derrière la ligne de fond au point le plus proche du lieu où la faute a été commise, mais pas directement derrière le panneau.

31-9   Exemple   Tir, 5ème faute d'équipe B au rebond puis ballon touché avec une chance de pénétrer

Après le dernier tir de lancer-franc de A1, le ballon rebondit sur l'anneau. Pendant la situation de rebond, B2 est sanctionné d'une faute sur A2. C'est la 5ème faute de l'équipe B dans le quart-temps. Alors que le ballon a toujours une chance de rentrer dans le panier, il est touché :

a) Par A3
b) Par B3

Interprétation : Dans les 2 cas, c'est une violation d'intervention illégale de A3 ou de B3.

a) Aucun point ne doit être accordé.

b) 1 point doit être accordé à A1.

Dans les 2 cas, du fait de la faute de B2, A2 doit tenter 2 lancers-francs. Le jeu doit reprendre comme après tout dernier lancer-franc.

31-10   Exemple   Tir, 5ème faute d'équipe A au rebond puis ballon touché avec une chance de pénétrer

Après le dernier tir de lancer-franc de A1, le ballon rebondit sur l'anneau. Pendant la situation de rebond, A2 est sanctionné d'une faute sur B2. C'est la 5ème faute de l'équipe A dans le quart-temps. Alors que le ballon a toujours une chance de rentrer dans le panier, il est touché :

a) Par A3
b) Par B3

Interprétation : Dans les 2 cas, c'est une violation d'intervention illégale de A3 ou de B3.

a) Aucun point ne doit être accordé.

b) 1 point doit être accordé à A1.

Dans les 2 cas, du fait de la faute de A2, B2 doit tenter 2 lancers-francs. Le jeu doit reprendre comme après n'importe quel dernier lancer-franc.

31-11   Exemple   Tir, double faute au rebond puis ballon touché avec une chance de pénétrer

Après le dernier tir de lancer-franc de A1, le ballon rebondit sur l'anneau. Pendant la situation de rebond, une double faute est sifflée à A2 et B2. Alors que le ballon a toujours une chance de rentrer dans le panier, il est touché :

a) Par A3
b) Par B3

Interprétation : Dans les 2 cas, c'est une violation d'intervention illégale de A3 ou de B3. La faute de chaque fautif doit être enregistrée sur la feuille de marque.

a) Aucun point ne doit être accordé. Le jeu doit reprendre par une remise en jeu de possession alternée depuis derrière la ligne de fond au point le plus proche d'où a été commise la double faute, à l'exception de directement derrière le panier.

b) 1 point doit être accordé à A1. Le jeu doit reprendre par une remise en jeu par l'équipe B à n'importe quel endroit derrière sa ligne de fond comme après n'importe quel dernier lancer-franc réussi.

31-12   Exemple   Tir au buzzer, rebond sur l'anneau puis ballon touché avant le buzzer

A1 tente un tir du terrain. Le ballon rebondit sur l'anneau et a toujours une chance de pénétrer dans le panier quand B1 touche le ballon au-dessus du niveau de l'anneau. Le signal sonore du chronomètre de jeu retentit pour la fin du 3ème quart-temps. Le ballon est alors touché par :
- a) A2 et le ballon pénètre dans le panier
- b) B2 et le ballon pénètre dans le panier
- c) A2 et le ballon ne pénètre pas dans le panier
- d) B2 et le ballon ne pénètre pas dans le panier

Interprétation :
Dans tous les cas, c'est une violation d'intervention illégale de A2 ou B2.
Après que le signal du chronomètre de jeu a retenti pour la fin d'un quart-temps, aucun joueur ne peut toucher le ballon après qu'il a touché l'anneau et qu'il a encore une chance de pénétrer dans le panier.
- a) Le panier de A1 ne doit pas compter
- b) Le panier de A1 doit compter 2 ou 3 points
- c) Le quart-temps est terminé
- d) Le panier de A1 doit compter 2 ou 3 points

Dans tous les cas, le 3ème quart-temps est terminé. Le jeu doit reprendre par une remise en jeu de possession alternée depuis le prolongement de la ligne médiane.

31-13 Principe   Intervention sur un tir contré
Si, pendant une tentative de tir, un joueur touche le ballon dans sa trajectoire vers le panier, toutes les restrictions relatives aux règles de Goaltending et d'intervention illégale doivent s'appliquer.

31-14 Exemple   Pas de Goaltending en phase montante mais seulement à partir du début de sa phase descendante.
A1 tente un tir à 2 points. Le ballon est touché par A2 ou B2 pendant la phase montante du ballon. Pendant sa phase descendante vers le panier, le ballon est ensuite touché par :
a) A3.
b) B3.

Interprétation :
C'est une action légale de A2 ou B2 de toucher le ballon dans sa phase montante.
C'est une violation de Goaltending quand A3 ou B3 touche le ballon quand il a commencé sa phase descendante.
- a) L'équipe B doit bénéficier d'une remise en jeu depuis le prolongement de la ligne de lancer-franc.
- b) 2 points doivent être accordés à A1.

31-15 Exemple   Pas de Goaltending si contre au sommet de la trajectoire
A1 tente un tir à 2 points. Le ballon est touché par A2 ou B2 au point le plus haut de sa trajectoire, au-dessus du niveau de l'anneau.
Interprétation :
C'est une action légale de A2 ou B2.
Le ballon n'est illégalement touché que lorsqu'il est touché après qu'il a atteint son plus haut point et qu'il a commencé sa phase descendante.

31-16 Principe   Faire vibrer le panneau ou le panier
Il y a une violation pour intervention illégale durant un tir au panier si un joueur fait vibrer le panneau ou le panier de telle sorte que, selon le jugement d'un arbitre, il a empêché le ballon de pénétrer dans le panier ou qu'il a permis au ballon de pénétrer dans le panier.

31-17 Exemple   Faire vibrer le panneau ou le panier après le signal de fin de quart-temps
A1 tente un tir à 3 points près de la fin de la rencontre. Le ballon est en l'air quand le signal du chronomètre de jeu retentit annonçant la fin du temps de jeu. Après le signal, selon le jugement de l'arbitre :
a) B1 fait vibrer le panneau ou l'anneau et, cela empêche le ballon de pénétrer dans le panier.

b) A2 fait vibrer le panneau ou le panier et cela permet au ballon de pénétrer dans le panier.

Interprétation : Même après que le signal sonore du chronomètre de jeu a retenti pour la fin de la rencontre, le ballon demeure vivant.

a) C'est une violation d'intervention illégale de B1. 3 points doivent être accordés à A1.

b) C'est une violation d'intervention illégale de A2. Le panier de A1 ne doit pas compter.

31-18 Principe   Toucher le panier ou le panneau quand le ballon est sur l'anneau

C'est une intervention illégale pour un joueur défenseur ou attaquant si, lors d'un tir au panier, ce joueur touche le panier (l'anneau ou le filet) ou le panneau alors que le ballon est en contact avec l'anneau et qu'il a encore une chance de pénétrer dans le panier.

Figure 3 : Ballon en contact avec l'anneau

31-19 Exemple   Toucher le panneau quand le ballon est à nouveau sur l'anneau

Après le tir au panier de A1, le ballon rebondit sur l'anneau puis retombe à nouveau sur l'anneau. B1 touche le panier ou le panneau alors que le ballon est sur l'anneau.

Interprétation :

C'est une violation d'intervention illégale de B1. Les restrictions concernant l'intervention illégale s'appliquent tant que le ballon a une chance de pénétrer dans le panier.

31-20 Exemple   Double Goaltending par deux adversaires

Lors d'un tir de A1, A2 et B2 touchent simultanément le ballon lors de sa phase descendante alors que le ballon est entièrement au-dessus du niveau de l'anneau. Ensuite, le ballon :

a) Pénètre dans le panier

b) Ne pénètre pas dans le panier

Interprétation :

Une violation de Goaltending est commise à la fois par A2 et B2. Dans les deux cas, aucun point ne peut être accordé. C'est une situation d'entre deux.

31-21   Principe   Accrocher le panier pour jouer le ballon

C'est une violation pour intervention illégale sur le panier quand un joueur accroche le panier (l'anneau ou le filet) pour jouer le ballon.

31-22 Exemple   Attaquant ou défenseur accrochant le panier et jouant le ballon

A1 tente un tir au panier. Le ballon rebondit sur l'anneau lorsque :

a) A2 accroche l'anneau, fait une claquette et met le ballon dans le panier

b) A2 accroche l'anneau alors que le ballon a une chance de pénétrer dans le panier. Le ballon pénètre dans le panier.

c) B2 accroche l'anneau et chasse le ballon du panier.

d) B2 accroche l'anneau alors que le ballon a une chance de pénétrer dans le panier. Le ballon ne pénètre pas dans le panier.

Interprétation :

Dans les 2 cas, c'est une violation d'intervention illégale de A2 et B2

a) et b) Aucun point ne doit être accordé. Le jeu doit reprendre par une remise en jeu depuis le prolongement de la ligne de lancer-franc.

c) et d) 2 ou 3 points doivent être accordés à A1. Le jeu doit reprendre par une remise en jeu par l'équipe B depuis derrière sa ligne de fond comme après tout tir réussi.

31-23   Principe   Défenseur touchant le ballon à l'intérieur du panier

Il y a violation pour intervention illégale si un joueur défenseur touche le ballon quand il est à l'intérieur du panier.

Figure 4 : Ballon à l'intérieur du panier

31-24 Exemple   Défenseur touchant le ballon partiellement à l'intérieur du panier

A1 tente un tir à 2 points. Le ballon tourne autour de l'anneau, sa plus petite partie se trouvant à l'intérieur du panier, lorsque :

a) B1 touche le ballon.
b) A2 touche le ballon.

Interprétation :

Le ballon est à l'intérieur du panier quand une partie du ballon est à l'intérieur de l'anneau et en dessous du niveau de l'anneau.

a) C'est une violation d'intervention illégale de B1. 2 points doivent être accordés à A1.
b) C'est une action légale de A2. Un joueur attaquant peut toucher le ballon.

31-25 Exemple   Attaquant touchant le ballon partiellement à l'intérieur du panier après le buzzer

A1 tente un tir à 2 points. Le signal sonore de fin de quart-temps retentit alors que le ballon tourne autour de l'anneau, sa plus petite partie se trouvant à l'intérieur du panier. Après signal du chronomètre de jeu a retenti :

a) A2 touche le ballon.
b) B2 touche le ballon.

Interprétation :

a) C'est une violation d'intervention illégale sur le ballon par A2. Le panier, s'il est réussi, ne doit pas compter.
b) C'est une violation d'intervention illégale sur le ballon par B2. 2 points doivent être accordés à A1.

Après le signal sonore de fin de temps de quart-temps, le ballon devient mort immédiatement quand il est touché par un joueur de n'importe quelle équipe.

Article 33 CONTACT : PRINCIPES GENERAUX

33-1   Principe   Principe du cylindre pour attaquant comme pour défenseurs

Le principe du cylindre s'applique à tous les joueurs, indépendamment qu'ils soient attaquants ou défenseurs.

33-2   Exemple   Tireur accrochant le défenseur avec la jambe

A1 est en l'air sur son tir à 3 points. A1 étend la jambe droite qui entre en contact avec son défenseur B1.

Interprétation :

Faute de A1 qui a sorti sa jambe de son cylindre et créé un contact avec son défenseur B1.

33-3   Principe   Esprit de la règle de non-charge

Le but de la règle du demi-cercle de non-charge (Article 33.10) est de ne pas récompenser un joueur défenseur qui prend une position sous son propre panier dans le but d'obtenir une faute offensive d'un joueur attaquant qui est en contrôle du ballon et pénètre vers le panier.

Pour la règle du demi-cercle de non-charge, les critères suivants doivent s'appliquer :

a) Le joueur défenseur doit avoir un ou les deux pieds en contact avec la zone du demi-cercle de non-charge (voir figure 1). La ligne du demi-cercle de non-charge **fait partie** de la zone du demi-cercle de non-charge.

b) Le joueur attaquant doit s'engager vers le panier en passant au-dessus de la ligne du demi-cercle de non-charge et tenter un tir ou passer tout en étant en l'air.

Les critères de la règle du demi-cercle de non-charge **ne doivent pas** s'appliquer et tout contact doit être jugé selon le règlement de jeu (par ex : principe du cylindre, principe de charge/obstruction) dans les cas suivants :

a) Pour toutes les actions de jeu en dehors de la zone de demi-cercle de non-charge et également pour les actions se déroulant entre la zone du demi-cercle de non-charge et la ligne de fond.

b) Pour toutes les situations de jeu au rebond quand, après un tir, le ballon rebondit et qu'une situation de contact se produit,

c) Pour tout usage illégal des mains, des bras, des jambes ou du corps que ce soit pour un joueur attaquant ou un joueur défenseur.

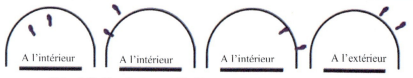

A l'intérieur   A l'intérieur   A l'intérieur   A l'extérieur

Figure 5 : Position d'un joueur à l'intérieur ou à l'extérieur du ½ cercle de non-charge

33-4   Exemple   Tir en suspension depuis l'extérieur du ½ cercle suivi d'une charge sur un joueur en contact avec la zone de non-charge

A1 tente un tir en suspension qui commence depuis l'extérieur de la zone du demi-cercle de non-charge. A1 charge B1 qui est en contact avec la zone du demi-cercle de non-charge.

Interprétation :

C'est une action légale de A1. La règle du demi-cercle de non-charge doit s'appliquer.

33-5   Exemple   Passage en ligne de fond suivie d'une charge sanctionnée dans le ½ cercle

A1 dribble le long de la ligne de fond et, après avoir atteint la zone derrière le panier saute depuis le terrain en direction de la ligne de lancers-francs. A1 charge B1 qui est en position légale de défense en contact avec la zone de demi-cercle de non-charge.

Interprétation :

C'est une faute de l'équipe contrôlant le ballon de A1. La règle du demi-cercle de non-charge ne doit pas s'appliquer. A1 est entré dans la zone du demi-cercle de non-charge depuis la partie du terrain de jeu située directement derrière le panier et derrière la ligne imaginaire le prolongeant.

33-6   Exemple   Charge sanctionnée sur rebond dans le ½ cercle

Le tir au panier de A1 rebondit sur l'anneau. A2 saute, attrape le ballon puis charge B1 qui est en position légale de défense en contact avec la zone du demi-cercle de non-charge.

Interprétation :
C'est une faute de l'équipe qui contrôle le ballon de A2. La règle du demi-cercle de non-charge ne doit pas s'appliquer.

33-7   Exemple   Charge sanctionnée sur passe ouvrant un passage dans le ½ cercle
A1 s'engage en dribble et entre en action de tir au panier. Au lieu de terminer sa pénétration par une action de tir au panier, A1 passe le ballon à A2 qui suit A1. A1 charge B1, qui se trouve en contact avec la zone du demi-cercle de non-charge. Approximativement au même moment, A2 qui a désormais le ballon dans les mains s'engage directement vers le panier dans une tentative pour marquer.
Interprétation : C'est une faute de l'équipe contrôlant le ballon de A1. La règle du demi-cercle de non-charge ne doit pas être appliquée. A1 utilise illégalement son corps pour ouvrir le chemin du panier à A2.

33-8   Exemple   Cas de non-charge dans le 1/2 cercle sur passe vers l'extérieur
A1 s'engage au panier dans son action de tir. Alors qu'il est encore en l'air, au lieu de terminer son tir au panier, A1 passe le ballon à A2 qui se tient dans le coin du terrain de jeu. A1 charge alors B1 qui est en contact avec la zone du demi-cercle de non-charge.
Interprétation : C'est une action légale de A1. La règle du demi-cercle de non-charge doit s'appliquer.

33-9   Exemple   Cas de non-charge dans le 1/2 cercle sur usage illégal du bras
A1 s'engage au panier dans son action de tir. A1 utilise son bras pour écarter B1 qui est en contact avec la zone du demi-cercle de non-charge, avant de lâcher le ballon sur son tir.
Interprétation : C'est une faute de l'équipe qui contrôle le ballon de A1. La règle du demi-cercle de non-charge ne doit pas s'appliquer du fait que A1 utilise illégalement son bras.

33-10   Exemple   Cas de non-charge dans le 1/2 cercle si le défenseur est en l'air
A1 s'engage au panier dans son action de tir depuis l'extérieur de la zone de non-charge et entre en contact avec B1 qui est en l'air après avoir sauté verticalement depuis la zone du demi-cercle de non-charge.
Interprétation : C'est une action défensive légale de B1. La règle du demi-cercle de non-charge ne doit pas s'appliquer du fait que B1 n'a pas un ou les deux pieds en contact avec le demi-cercle de non-charge.

33-11   Principe   Responsabilité du contact et faute personnelle
Une faute personnelle est un contact illégal d'un joueur avec un adversaire. Le joueur créant le contact doit être sanctionné en conséquence

33-12   Exemple   Pousser un partenaire sur un adversaire
A1 tente un tir au panier. B1 pousse son partenaire B2 qui entre en contact illégal avec A1 qui est en action de tir. Le ballon pénètre dans le panier.
Interprétation : 2 ou 3 points doivent être accordés à A1. B2 est entré en contact avec A1 et doit être sanctionné d'une faute. A1 doit tenter 1 lancer-franc. Le jeu doit reprendre comme après tout dernier lancer-franc.

33-13   Exemple   Pousser un adversaire sur un autre adversaire qui tire
A1 tente un tir au panier. B2 pousse A2 qui provoque un contact non nécessaire avec A1 qui est en action de tir. Le ballon pénètre dans le panier. C'est la 3ème faute de l'équipe B dans le quart-temps.
Interprétation : Le panier à 2 ou 3 points doit être accordé à A1. L'équipe A doit bénéficier d'une remise en jeu au plus près de l'endroit où la faute personnelle de B2 s'est produite.

Article 34 FAUTE PERSONNELLE

34-1 Principe Définition de la faute de remise en jeu

Le chronomètre de jeu indique 02'00'' ou moins dans le 4ème quart-temps ou une prolongation, et le ballon est dans les mains de l'arbitre ou à disposition du joueur effectuant la remise en jeu. Si à ce moment un défenseur provoque un contact illégal avec un joueur attaquant sur le terrain, c'est une faute de remise en jeu, à moins que le contact ne réponde aux critères d'une faute antisportive. Le joueur sur qui la faute a été commise doit tenter 1 lancer-franc sans alignement, indépendamment du nombre de fautes d'équipe dans le quart-temps. Le jeu doit reprendre par une remise en jeu par l'équipe victime de la faute depuis l'endroit le plus proche de l'infraction.

34-2 Exemple Fautes de remise en jeu et réglage du chronomètre des tirs

Avec 1'31'' au chronomètre de jeu dans le 4ème quart-temps, avant que A1 relâche le ballon pour effectuer la remise en jeu, B2 commet un contact illégal sur le terrain sur A2. Une faute de remise en jeu est sifflée contre B2.

Interprétation : A moins que le contact ne réponde aux critères d'une faute antisportive, c'est une faute de remise en jeu. Indépendamment du nombre de fautes d'équipe de l'équipe B dans le quart-temps, A2 doit tenter 1 lancer-franc sans alignement. Le jeu doit reprendre par une remise en jeu par l'équipe A au plus près de l'endroit où la faute de B2 s'est produite.

a) Si c'est en zone arrière, l'équipe A doit avoir 24 secondes au chronomètre des tirs

b) Si c'est en zone avant, l'équipe A doit avoir :
  - Le temps restant sur le chronomètre des tirs si '14 secondes ou plus' y était affiché
  - 14 secondes si le temps affiché sur le chronomètre des tirs était de '13 secondes ou moins'.

34-3 Exemple Fautes de remise en jeu après un panier ou lancer-franc marqué

Avec 1'24'' au chronomètre de jeu dans le 4ème quart-temps, après un lancer-franc ou un panier réussi par B1, A1 qui effectue la remise en jeu a le ballon dans les mains derrière la ligne de fond. A ce moment, B2 provoque un contact illégal sur le terrain sur A2. Une faute de remise en jeu est sifflée contre B2.

Interprétation : A moins que le contact de B2 sur A2 ne réponde aux critères d'une faute antisportive, c'est une faute de remise jeu. Indépendamment du nombre de fautes d'équipe de l'équipe B dans le quart-temps, A2 doit tenter 1 lancer-franc sans alignement. Le jeu doit reprendre par une remise en jeu par l'équipe A au plus près de l'endroit où la faute de B2 s'est produite, excepté derrière le panneau.

Si c'est depuis derrière la ligne de fond, mais pas strictement derrière le panneau, la remise en jeu devra se faire depuis le point désigné et le joueur effectuant la remise en jeu ne sera pas autorisé à se déplacer derrière la ligne de fond ni à passer le ballon à un partenaire derrière la ligne de fond avant de lancer le ballon vers le terrain, comme après tout dernier ou unique lancer-franc réussi.

34-4 Exemple Fautes de remise en jeu en zone avant, REJ près du lieu de la faute

Avec 0'58'' au chronomètre de jeu dans le 4ème quart-temps, avant que A1 relâche le ballon pour effectuer une remise en jeu, B2 provoque un contact illégal sur le terrain sur A2.

Interprétation : Indépendamment du nombre de fautes d'équipe de l'équipe B dans le quart-temps, A2 doit tenter 1 lancer-franc sans alignement. Le jeu doit reprendre par une remise en jeu par l'équipe A en zone avant au plus près de l'endroit où la faute de B2 s'est produite.

34-5 Exemple Fautes sifflée de remise en jeu antisportive par erreur

Avec 0'55'' au chronomètre de jeu dans le 4ème quart-temps, avant que A1 relâche le ballon pour effectuer la remise en jeu, B2 provoque un contact sur A2 qui réunit un des critères d'une faute antisportive. Une faute antisportive est sifflée contre B2.

Interprétation :

A2 doit tenter 2 lancers-francs sans alignement. Le jeu doit reprendre par une remise en jeu par l'équipe A depuis la ligne de remise en jeu de sa zone avant. L'équipe A doit avoir 14 secondes sur le chronomètre des tirs.

34-6 Exemple   Fautes de remise en jeu B suivie d'une faute technique A

Avec 0'54'' au chronomètre de jeu dans le 4ème quart-temps, avant que A1 relâche le ballon pour effectuer la remise en jeu, B2 commet un contact illégal sur A2 sur le terrain de jeu. Une faute de remise en jeu est sifflée automatiquement à B2. A2 est alors sanctionné d'une faute technique.

Interprétation :

Le jeu doit reprendre par 1 lancer-franc pour n'importe quel joueur de l'équipe B, suivi par un lancer-franc de A2 et une remise en jeu par l'équipe A au plus près de l'endroit où la faute de B2 s'est produite.

- Si c'est en zone arrière, l'équipe A doit avoir 24 secondes sur le chronomètre des tirs.
- Si c'est en zone avant, l'équipe A doit avoir :
  - 14 secondes au chronomètre des tirs si 13 secondes ou moins étaient affichées.
  - Le temps restant si 14 secondes ou plus sont affichées sur le chronomètre des tirs.

34-7   Exemple   Faute offensive sur remise en jeu dans les 2 dernières minutes

Avec 53 secondes sur le chronomètre de jeu dans le 4ème quart-temps, avant que A1 relâche le ballon pour effectuer la remise en jeu, A2 provoque un contact sur B2 sur le terrain de jeu. Une faute de l'équipe qui contrôle le ballon est sifflée contre A2.

Interprétation :

L'équipe A n'a pas obtenu un avantage par la faute commise par A2. A2 doit être sanctionné d'une faute personnelle, à moins que la faute ne réponde aux critères d'une faute antisportive, le jeu doit reprendre par une remise en jeu au plus près de l'endroit où la faute de A2 s'est produite.

34-8   Exemple   Faute loin du ballon avant remise en jeu dans les 2 dernières minutes

Avec 51 secondes sur le chronomètre de jeu dans le 4ème quart-temps, le score étant de : A 83 – B 80, A1 qui effectue une remise en jeu a le ballon dans les mains, quand B2 provoque un contact sur A2 dans une zone du terrain de jeu différente de celle où est administrée la remise en jeu. B2 est sanctionné d'une faute sur A2.

Interprétation :

A moins que le contact de B2 sur A2 réponde aux critères d'une faute antisportive, c'est une faute de remise en jeu. A2 doit tenter 1 lancer-franc sans alignement. Le jeu doit reprendre par une remise en jeu par l'équipe A en zone avant au plus près de l'endroit où la faute de B2 s'est produite.

34-9   Exemple   Faute loin du ballon après remise en jeu dans les dernières minutes

Avec 48 secondes sur le chronomètre de jeu dans le 4ème quart-temps, le score étant de : A 83 – B 80, le ballon a été lancé par A1 qui effectue une remise en jeu, quand B2 provoque un contact sur A2 dans une zone du terrain de jeu différente de celle où est administrée la remise en jeu. B2 est sanctionné d'une faute sur A2.

Interprétation :

Ce n'est pas une faute de remise en jeu dans la mesure où le ballon a déjà quitté les mains de A1 qui effectue la remise en jeu. A moins que la faute réponde à l'un des critères d'une faute antisportive ou disqualifiante, c'est une faute personnelle qui doit être pénalisée comme il convient.

Article 35 DOUBLE FAUTE

35-1 Principe — Double faute : définition

Une faute peut être une faute personnelle, une faute antisportive, une faute disqualifiante ou une faute technique. Pour être considérées comme une double faute, les deux fautes de joueurs doivent être des fautes entre les 2 mêmes adversaires et de la même catégorie, soit 2 fautes personnelles ou soit toute combinaison de 2 fautes antisportive(s) et/ou disqualifiante(s). Aucun lancer-franc ne doit être accordé, quel que soit le nombre de fautes d'équipes de chaque équipe. Une double faute doit impliquer un contact physique. En conséquence, les fautes techniques ne peuvent pas être incluses dans une double faute car ce sont des fautes sans contact.

Si deux fautes, commises approximativement en même temps, ne sont pas de la même catégorie (ex : 1 faute personnelle et 1 faute antisportive et/ou disqualifiante), ce n'est pas une double faute. Les sanctions ne doivent pas s'annuler l'une l'autre. La faute personnelle doit toujours être considérée comme s'étant produite la première et la faute antisportive ou disqualifiante en second.

35-2 Exemple — Deux fautes techniques

A1 dribble quand A2 et B2 sont chacun sanctionnés d'une faute technique.

Interprétation :

Les fautes techniques ne font pas partie des doubles fautes. Les sanctions s'annulent. Le jeu doit reprendre par une remise en jeu de l'équipe A à partir de l'endroit le plus proche de l'endroit où se trouvait le ballon, lorsque les fautes techniques se sont produites. L'équipe A aura le temps restant au chronomètre des tirs.

35-3 Exemple — Double faute : indépendamment du nombre de fautes d'équipe

Le dribbleur A1 et B1 commettent chacun une faute l'un sur l'autre à peu près au même moment. Il s'agit de la deuxième faute de l'équipe A et de la cinquième faute de l'équipe B dans le quart-temps.

Interprétation :

Les deux fautes sont de la même catégorie (fautes personnelles), il s'agit donc d'une double faute. Le nombre différent de fautes d'équipe au cours du quart-temps n'est pas à prendre en compte. Le jeu doit reprendre par une remise en jeu de l'équipe A à partir de l'endroit le plus proche de l'endroit où la double faute s'est produite, avec le temps restant sur le chronomètre des tirs.

35-4 Exemple — Double faute : faute sur tir et faute du tireur balle en main, pas de panier accordé

B1 et A1, qui est dans son action de tir avec le ballon toujours en main, sont chacun sanctionnés d'une faute personnelle commise l'un sur l'autre à peu près au même moment.

Interprétation :

Les deux fautes sont de la même catégorie (deux fautes personnelles), et sont commises à peu près en même temps.

- Si le tir de A1 est réussi, le panier ne doit pas compter. Le jeu doit reprendre par une remise en jeu de l'équipe A depuis le prolongement de la ligne de lancer-franc.
- Si le tir de A1 n'est pas réussi, le jeu doit reprendre par une remise en jeu de l'équipe A au plus près de l'endroit où la double faute s'est produite. L'équipe A doit avoir le temps restant sur le chronomètre des tirs.

35-5 Exemple — Double faute sur tir, quand le ballon est en l'air

Alors que le ballon est en l'air sur le tir au panier de A1, A1 et B1 sont sanctionnés d'une faute personnelle commise l'un sur l'autre à peu près au même moment.

Interprétation :

Les deux fautes sont de la même catégorie (fautes personnelles), il s'agit donc d'une double faute.

- Si le tir de A1 est réussi, le panier de A1 compte. Le jeu doit reprendre par une remise en jeu de l'équipe B depuis derrière sa ligne de fond comme après tout panier réussi.

- Si le tir de A1 n'est pas réussi, c'est une situation d'entre-deux. Le jeu doit reprendre par une remise en jeu de possession alternée.

35-6   Exemple   Fautes personnelles entre 2 joueurs (2ème et 3ème fautes d'équipe)

L'équipe A compte 2 fautes d'équipe et l'équipe B compte 3 fautes d'équipe dans le quart-temps. Puis :
a) Pendant que A2 dribble, A1 et B1 se poussent l'un l'autre alors que l'équipe A est en contrôle du ballon.
b) Pendant un rebond, A1 et B1 se poussent l'un l'autre.
c) Pendant la réception d'une passe de A1 par A2, A1 et B1 se poussent l'un l'autre.

Interprétation :
Dans tous les cas, c'est une double faute. Le jeu doit reprendre …
a) et c) … par une remise en jeu par l'équipe A au plus près de l'endroit où la double faute s'est produite.
b)   … par une remise en jeu de possession alternée.

35-7   Exemple   Faute personnelle (3ème d'équipe) suivie d'une réaction sanctionnée d'une faute antisportive.

B1 est sanctionné d'une faute personnelle pour avoir poussé le dribbleur A1. C'est la 3ème faute de l'équipe B dans le quart-temps. Approximativement en même temps, A1 est sanctionné d'une faute antisportive pour avoir frappé B1 du coude.

Interprétation :
Les deux fautes ne sont pas de la même catégorie (personnelle et antisportive). En conséquence ça n'est pas une double faute. Les sanctions ne doivent pas s'annuler l'une l'autre. La sanction de remise en jeu pour l'équipe A doit être annulée dans la mesure où elle est suivie par une autre sanction. B1 doit tenter 2 lancers-francs sans alignement. Le jeu doit reprendre par une remise en jeu pour l'équipe B depuis le point de remise en jeu dans sa zone avant. L'équipe B devra avoir 14 secondes sur le chronomètre des tirs.

35-8   Exemple   Faute défensive (5ème d'équipe) suivie d'une réaction adverse sanctionnée d'une faute antisportive.

B1 est sanctionné d'une faute personnelle pour avoir poussé le dribbleur A1. C'est la 5ème faute de l'équipe B dans le quart-temps. Approximativement en même temps, A1 est sanctionné d'une faute antisportive pour avoir frappé B1 du coude.

Interprétation :
Les deux fautes ne sont pas de la même catégorie (1 faute antisportive et 1 faute personnelle). En conséquence ça n'est pas une double faute. Les sanctions ne doivent pas s'annuler l'une l'autre. La faute personnelle de B1 doit être considérée comme ayant été commise la première. A1 doit tenter 2 lancers-francs sans alignement. B1 doit ensuite tenter 2 lancers-francs sans alignement. Le jeu doit reprendre par une remise en jeu pour l'équipe B depuis le point de remise en jeu de sa zone avant. L'équipe B devra avoir 14 secondes sur le chronomètre des tirs.

35-9   Exemple   Faute offensive (5ème d'équipe) suivie d'une réaction adverse sanctionnée d'une faute antisportive.

Le dribbleur A1 est sanctionné d'une faute de l'équipe qui contrôle le ballon sur B1. C'est la 5ème faute de l'équipe A dans le quart-temps. Approximativement en même temps, B1 est sanctionné d'une faute antisportive pour avoir frappé A1 du coude.

Interprétation :
Les deux fautes ne sont pas de la même catégorie (1 faute antisportive et 1 faute personnelle). En conséquence ça n'est pas une double faute. Les sanctions ne doivent pas s'annuler l'une l'autre. La faute personnelle de A1 doit être considérée comme ayant été commise la première. La sanction de remise en jeu pour l'équipe B correspondant à la faute de A1 doit être annulée dans la mesure où une autre sanction de faute doit ensuite être administrée. A1 doit tenter 2 lancers-francs sans alignement. Le jeu doit reprendre par une remise en jeu pour l'équipe A depuis le point de remise en jeu dans sa zone avant. L'équipe A devra avoir 14 secondes sur le chronomètre des tirs

35-10 Exemple **Faute antisportives ou disqualifiantes de 2 joueurs.**

A1 dribble quand, approximativement au même moment, A1 et B1 commettent une faute l'un sur l'autre.

a) Les deux fautes sont des fautes personnelles
b) Les deux fautes sont antisportives
c) La faute de A1 est antisportive et celle de B1 disqualifiante
d) La faute de A1 est disqualifiante et celle de B1 antisportive

Interprétation :

Dans tous les cas, les fautes sont de la même catégorie (des fautes personnelles ou des fautes antisportives/disqualifiantes), et c'est donc une double faute. Le jeu doit reprendre par une remise en jeu pour l'équipe A au plus près de l'endroit où la double faute s'est produite. L'équipe A doit avoir le temps restant sur le chronomètre des tirs.

Article 36 FAUTE TECHNIQUE

36-1 **Principe** **Avertissement communiqué à l'entraîneur est valable pour toute l'équipe**

Un avertissement est donné à un joueur pour une action ou un comportement qui, s'il est répété, peut conduire à une faute technique. Cet avertissement doit également être communiqué à l'entraîneur de l'équipe en question et s'applique aussi à tous les membres de l'équipe pour toute action similaire, pour le reste de la rencontre. Un avertissement doit seulement être donné lorsque le ballon devient mort et que le chronomètre de jeu est arrêté.

36-2 Exemple **L'avertissement au joueur doit être répercuté à l'entraîneur**

A1 reçoit un avertissement pour une intervention illégale sur une remise en jeu, ou pour toute autre action qui, si elle était répétée, pourrait conduire à une faute technique.

Interprétation :

L'avertissement de A1 doit être communiqué également à l'entraîneur principal A et doit s'appliquer à tous les membres de l'équipe pour toute action similaire, pour le reste de la rencontre.

36-3 **Principe** **Perturber le tireur sur un tir**

Alors qu'un joueur est dans l'action de tir, les adversaires ne sont pas autorisés à perturber ce joueur par des actions telles que placer ses mains à proximité des yeux du tireur, crier fortement, taper lourdement des pieds ou taper des mains près du tireur. Procéder ainsi peut conduire à une faute technique si le tireur est désavantagé. Un avertissement peut être donné si le tireur n'est pas désavantagé.

36-4 Exemple **Perturber le tireur sur un tir réussi ou raté**

A1 est en action de tir au panier avec le ballon dans les mains lorsque B1 agite les mains en face des yeux de A1 ou déconcentre A1 en criant fort ou en tapant lourdement des pieds sur le sol. Le tir de A1 est ensuite :

a) Réussi,
b) Manqué.

Interprétation :

a) Le panier de A1 doit compter. B1 doit recevoir un avertissement qui doit aussi être communiqué à l'entraîneur principal B. Le jeu doit reprendre par une remise en jeu de l'équipe B depuis derrière sa ligne de fond.

Si n'importe quel membre de l'équipe B a déjà reçu un avertissement pour un comportement similaire, B1 doit être sanctionné d'une faute technique. N'importe quel joueur de l'équipe A doit tenter 1 lancer-franc sans alignement.

b) B1 doit être sanctionné d'une faute technique. N'importe quel joueur de l'équipe A doit tenter 1 lancer-franc sans alignement. Le jeu doit reprendre par une remise en jeu pour l'équipe A au plus près du point où se trouvait le ballon quand la faute technique contre B1 a été sifflée.

36-5   Principe   Plus de cinq joueurs sur le terrain

Quand les arbitres découvrent que plus de 5 joueurs de la même équipe sont sur le terrain de jeu simultanément et que le chronomètre de jeu a tourné, au moins 1 joueur a dû entrer, ou rester, illégalement sur le terrain de jeu.

L'erreur doit être rectifiée immédiatement sans placer les adversaires dans une situation désavantageuse. Tout ce qui s'est produit pendant la période située entre le début de la participation illégale et l'arrêt de jeu pendant lequel la participation illégale est découverte doit rester valable.

Au moins 1 joueur doit être retiré du jeu et une faute technique doit sanctionner l'entraineur principal de cette équipe, enregistrée 'B1'. L'entraîneur principal est responsable de s'assurer que tous les remplacements sont effectués correctement.

36-6   Exemple   Moment de l'arrêt de jeu si plus de 5 joueurs sur le terrain

Alors que le chronomètre de jeu est en marche, l'équipe A a 6 joueurs sur le terrain de jeu. Au moment où cela est découvert :
a)   L'équipe B contrôle le ballon (avec 5 joueurs)
b)   L'équipe A contrôle le ballon (avec plus de 5 joueurs)
Interprétation :
Le jeu doit être stoppé immédiatement à moins que l'équipe B soit placée en position de désavantage.
Un joueur désigné par l'entraineur principal doit être retiré du jeu. L'entraîneur principal de l'équipe A doit être sanctionné d'une faute technique enregistrée "B1".

36-7   Exemple   Equipe jouant à 6 joueurs

Alors que le chronomètre de jeu tournait, l'équipe A a joué avec 6 joueurs sur le terrain de jeu. Cela est découvert quand le jeu est interrompu après que :
a)   A1 est sanctionné d'une faute de l'équipe contrôlant le ballon,
b)   A1 a marqué un panier,
c)   B1 commet une faute sur A1 sur un tir manqué par ce dernier.
d)   Le 6ème joueur de l'équipe A a quitté le terrain de jeu.
Interprétation :
Dans tous les cas, l'entraîneur principal de l'équipe A doit être sanctionné d'une faute technique, enregistrée "B1".
a)   La faute de A1 est une faute de joueur
b)   Le panier de A1 doit compter,
c)   A1 doit tenter 2 ou 3 tirs de lancers-francs
a), b) et c) Un joueur de l'équipe A indiqué par l'entraîneur principal doit être retiré du jeu.

36-8   Principe   Maintien ou retour sur le terrain d'un joueur préalablement averti de sa 5ème faute

Après avoir été sanctionné d'une 5ème faute personnelle, technique ou antisportive, un joueur devient un joueur éliminé et devrait rester assis sur le banc d'équipe.

Quand les arbitres découvrent qu'un joueur éliminé est sur le terrain pendant que le chronomètre de jeu tourne, ce joueur a dû rester sur le terrain de jeu ou y rentrer à nouveau illégalement.

L'erreur doit être rectifiée immédiatement sans placer les adversaires dans une situation désavantageuse. Tout ce qui s'est produit pendant la période située entre le début de la participation illégale et l'arrêt de jeu pendant lequel la participation illégale est découverte doit rester valable.

Le joueur éliminé doit être retiré du jeu et une faute technique doit sanctionner l'entraineur principal de cette équipe, enregistrée 'B1'. L'entraîneur principal doit s'assurer que seuls des joueurs éligibles soient sur le terrain de jeu pendant que le chronomètre de jeu tourne.

36-9 Exemple   Retour sur le terrain d'un joueur préalablement averti de sa 5ème faute
Alors que le chronomètre de jeu tourne, le joueur éliminé B1 est sur le terrain de jeu. La participation illégale de B1 est découverte alors que :
a) Le ballon est redevenu vivant et que l'équipe A est en contrôle du ballon,
b) Le ballon est redevenu vivant et que l'équipe B est en contrôle du ballon,
c) Le ballon est redevenu mort et que B1 est toujours sur le terrain.
Interprétation :
Le jeu doit être stoppé immédiatement à moins que l'équipe A soit placée en position de désavantage. B1 doit être retiré du jeu. L'entraîneur principal de l'équipe B doit être sanctionné d'une faute technique, enregistrée "B1".

36-10 Exemple   Validité des actions d'un joueur éliminé resté sur le terrain
Alors que le chronomètre de jeu tourne, le joueur éliminé A1 est sur le terrain de jeu. La participation illégale de A1 est découverte alors que :
a) A1 a marqué un panier.
b) A1 est sanctionné d'une faute sur B1.
c) B1 est sanctionné d'une faute sur le dribbleur A1, la 5ème faute de l'équipe B dans le quart-temps.
Interprétation :
Le jeu doit être stoppé immédiatement. A1 doit être retiré du jeu. L'entraîneur principal de l'équipe A doit être sanctionné d'une faute technique, enregistrée "B1".
a) Le panier marqué par A1 doit compter,
b) La faute commise par A1 est une faute de joueur. Elle doit être enregistrée sur la feuille de marque dans l'espace suivant la case de sa 5ème faute.
c) Le remplaçant de A1 doit tenter 2 lancers-francs.

36-11 Exemple   Validité des actions d'un joueur éliminé resté sur le terrain
Avec 7 secondes sur le chronomètre de jeu dans le 4ème quart-temps, avec le score de A 70 – B 70, A1 est sanctionné d'une 5ème faute et devient un 'joueur éliminé'. Après le temps-mort qui suit, l'équipe A gagne le contrôle du ballon et A1 marque un panier. La participation illégale de A1 est découverte à ce moment alors qu'il reste 1 seconde sur le chronomètre de jeu.
Interprétation :
Le panier de A1 doit compter. L'entraîneur principal de l'équipe A doit être sanctionné d'une faute technique, enregistrée "B1". N'importe quel des joueurs de l'équipe B doit tenter 1 lancer-franc. Le jeu doit reprendre par une remise en jeu de l'équipe B depuis derrière la ligne de fond avec 1 seconde restant sur le chronomètre de jeu.

36-12 Principe   Avertissement pour simulation
Si un joueur simule une faute, la procédure suivante doit s'appliquer :
• Sans interrompre le jeu, l'arbitre doit signaler la simulation en faisant deux fois le geste de « relèvement de l'avant-bras »
• Quand le jeu est stoppé, un avertissement doit être communiqué au joueur concerné et à l'entraîneur principal de cette équipe. Chaque équipe ne peut recevoir qu'un seul avertissement pour 'simulation d'avoir subi une faute'.
• Si n'importe quel joueur de cette équipe simule une faute une prochaine fois, une faute technique devra être sifflée. Cela s'applique également si le jeu n'a pas encore été stoppé plus tôt pour communiquer, au joueur ou à l'entraîneur principal, l'avertissement précédent.
• Si une simulation est excessive, sans qu'aucun contact n'ait eu lieu, une faute technique peut être sifflée immédiatement sans qu'aucun avertissement n'ait été donné.

36-13 Exemple :   Simulations successives d'un même joueur

Le dribbleur A1 est défendu par B1. A1 fait un mouvement subit de la tête, en essayant de donner l'impression qu'il a subi une faute de B1. L'arbitre montre deux fois le geste de "relèvement de l'avant-bras" à A1. Plus tard dans la rencontre, pendant la même période de déroulement du chronomètre de jeu,

    a) A1 tombe au sol, pour donner l'impression d'avoir été poussé par B1.

    b) B2 tombe au sol, pour donner l'impression d'avoir été poussé par A2.

Interprétation :

    a) L'arbitre a donné un avertissement à A1 pour sa première simulation de la tête en lui montrant deux fois le geste de "relèvement de l'avant-bras". A1 doit être sanctionné d'une faute technique pour avoir simulé une seconde fois en se laissant tomber sur le terrain de jeu, même si le jeu n'a pas été stoppé pour communiquer l'avertissement pour la 1ère simulation à A1 ou à l'entraîneur principal A.

    b) Les arbitres doivent donner un premier avertissement à la fois à A1 et à B2 pour leur simulation respective en leur montrant à chacun 2 fois le geste de "relèvement de l'avant-bras". Les avertissements devront être communiqués à A1, B2 et à chacun des entraîneurs principaux, quand le chronomètre de jeu sera arrêté.

36-14 Exemple   Avertissement immédiat pour simulation pendant le jeu

A1 dribble vers le panier et provoque un contact sur le torse de B1 qui est en position légale de défense. Au même moment, B1 exagère un mouvement pour donner l'impression d'avoir subi une faute de A1.

 Interprétation :

Les arbitres doivent donner un avertissement à B1 pour simulation en lui montrant 2 fois le geste de "relèvement de l'avant-bras". Lorsque le chronomètre de jeu sera arrêté, l'avertissement devra être communiqué à l'entraîneur principal et s'appliquera à l'ensemble des joueurs de cette équipe.

36-15 Principe   Faute technique en cas d'intimidation par balancement excessif des coudes

De sérieuses blessures peuvent se produire à la suite d'un balancement excessif des coudes, particulièrement dans les activités de rebond et les situations de joueur étroitement marqué. Si ce genre d'action génère un contact, alors une faute personnelle, antisportive voire disqualifiante peut être sifflée. Si ces actions ne génèrent pas de contact, une faute technique peut être sifflée.

36-16 Exemple   Faute technique en cas d'intimidation par balancement excessif des coudes

A1 prend un rebond et est immédiatement marqué de près par B1. Sans entrer en contact avec B1, A1 balance excessivement les coudes afin d'intimider B1 ou pour se créer suffisamment d'espace pour pivoter, passer ou dribbler.

Interprétation : L'action de A1 n'est pas conforme à l'esprit et l'intention du règlement. A1 peut être sanctionné d'une faute technique.

36-17 Principe   Disqualification pour 2 fautes techniques

Un joueur doit être disqualifié quand il est sanctionné de 2 fautes techniques.

36-18 Exemple   Sanction suite à disqualification pour deux fautes techniques de type différent

En première mi-temps, A1 a été sanctionné d'une 1ère faute technique pour s'être accroché à l'anneau. En 2ème mi-temps, A1 est sanctionné d'une 2ème faute technique pour son comportement antisportif.

Interprétation :

A1 doit être automatiquement disqualifié. Seule la 2ème faute technique de A1 doit uniquement être pénalisée et aucune autre sanction supplémentaire ne doit être administrée pour la disqualification. Le marqueur doit avertir un arbitre immédiatement quand A1 est sanctionné de 2 fautes techniques et qu'il doit être disqualifié.

36-19 **Principe**   Gestion des fautes techniques après une 5ème faute

Après avoir été sanctionné de sa 5ème faute qu'elle soit personnelle, technique ou antisportive, un joueur devient joueur éliminé. Après sa 5ème faute, toute faute technique sifflée contre ce joueur doit être imputée à son entraineur principal et enregistrée 'B1'. Ceci est aussi valable si l'une de ses 5 fautes, avant qu'il soit éliminé, était une faute technique ou antisportive. Le joueur éliminé n'est pas disqualifié et peut rester assis dans sa zone de banc d'équipe.

36-20 **Exemple**   Faute technique ou antisportive du joueur juste après sa 5ème faute

Pendant le 1er quart-temps, B1 est sanctionné
   a) D'une faute technique.
   b) D'une faute antisportive.

Dans le 4ème quart-temps, B1 est sanctionné de sa 5ème faute. C'est la 2ème faute de l'équipe B dans le quart-temps. En se rendant sur son banc d'équipe, B1 est sanctionné d'une faute technique.

Interprétation :

Dans les 2 cas, B1 n'est pas disqualifié.

En commettant sa 5ème faute, B1 est devenu un joueur éliminé. Toute faute technique ultérieure de B1 doit être imputée à son entraineur principal et enregistrée 'B1'. N'importe quel joueur de l'équipe A devra tenter 1 lancer-franc. Le jeu devra reprendre avec une remise en jeu au plus près de l'endroit où se trouvait le ballon quand la dernière faute technique de B1 s'est produite.

36-21 **Exemple**   Faute disqualifiante du joueur juste après sa 5ème faute (3ème faute d'équipe)

B1 est sanctionné d'une faute sur le dribbleur A1. C'est la 5ème faute personnelle de B1 et la 2ème faute de l'équipe B dans le quart-temps. En se rendant sur le banc d'équipe, B1 est sanctionné d'une faute disqualifiante.

Interprétation :

B1 est disqualifié et doit se rendre dans son vestiaire ou, s'il le souhaite, quitter le bâtiment. La faute disqualifiante de B1 doit être enregistrée 'D' à son propre compte sur la feuille de marque et 'B2' au compte de l'entraineur principal B. N'importe quel joueur de l'équipe A doit tenter 2 lancers-francs, sans alignement. Le jeu doit reprendre par une remise en jeu de l'équipe A depuis le point de remise en jeu en zone avant de l'équipe A. L'équipe A aura 14 secondes sur le chronomètre des tirs.

36-22 **Exemple**   Faute disqualifiante du joueur juste après sa 5ème faute (5ème faute de l'équipe)

B1 est sanctionné d'une faute sur le dribbleur A1. C'est la 5ème faute personnelle de B1 et la 5ème faute de l'équipe B dans le quart-temps. En se rendant sur le banc d'équipe, B1 est sanctionné d'une faute disqualifiante.

Interprétation :

B1 est disqualifié et doit se rendre dans son vestiaire ou, s'il le souhaite, quitter le bâtiment. La faute disqualifiante de B1 doit être enregistrée 'D' à son propre compte et 'B2' au compte de l'entraineur principal B. A1 doit tenter 2 lancers-francs, sans alignement. Après quoi, n'importe quel joueur de l'équipe A doit tenter 2 lancers-francs, sans alignement. Le jeu doit reprendre par une remise en jeu de l'équipe A depuis le point de remise en jeu en zone avant de l'équipe A. L'équipe A aura 14 secondes sur le chronomètre des tirs.

36-23 **Principe**   Disqualification après une faute technique et une faute antisportive

Un joueur doit être disqualifié lorsqu'il est sanctionné d'une faute technique et d'une faute antisportive.

36-24 **Exemple**   Disqualification après faute technique, puis faute antisportive

Au cours de la 1ère mi-temps, A1 a été sanctionné d'une faute technique pour avoir retardé le jeu. Au cours de la 2ème mi-temps, A1 est sanctionné d'une faute sur B1 qui réunit les critères d'une faute antisportive.

Interprétation :

A1 doit être automatiquement disqualifié. Seule la faute antisportive de A1 doit être pénalisée et aucune autre sanction supplémentaire ne doit être administrée pour la disqualification de A1. Le marqueur doit avertir immédiatement un arbitre quand un joueur est sanctionné d'1 faute technique et d'1 faute antisportive et A1 devrait être automatiquement disqualifié. B1 doit tenter 2 lancers-francs. Le jeu doit reprendre par une remise en jeu de l'équipe B depuis le point de remise en jeu en zone avant de l'équipe B. L'équipe B aura 14 secondes sur le chronomètre des tirs.

36-25 Exemple   **Disqualification après faute antisportive, puis faute technique**

Au cours de la 1ère mi-temps, A1 a été sanctionné d'une faute antisportive pour avoir stoppé par un contact inutile la progression de l'équipe attaquante sur la transition (montée du ballon). Au cours de la 2ème mi-temps, A2 dribble dans sa zone arrière, quand A1 est sanctionné d'une faute technique pour avoir simulé une faute loin du ballon.

Interprétation :

A1 doit être automatiquement disqualifié. Seule la faute technique de A1 doit être pénalisée et aucune autre sanction supplémentaire ne doit être administrée pour la disqualification de A1. Le marqueur doit avertir immédiatement un arbitre quand un joueur est sanctionné d'1 faute antisportive et d'1 faute technique et qu'il devrait être automatiquement disqualifié. N'importe quel joueur de l'équipe B doit tenter 1 lancer-franc, sans alignement. Le jeu doit reprendre par une remise en jeu de l'équipe A au plus près de l'endroit où se trouvait le ballon au moment où la faute technique de A1 a été sifflée. L'équipe A doit avoir le temps restant sur le chronomètre des tirs.

36-26 Principe   **Entraineur-joueur : Disqualification après fautes techniques et antisportives**

Un joueur - entraineur principal doit être automatiquement disqualifié quand il est sanctionné des fautes suivantes :

- 2 fautes techniques en tant que joueur.
- 2 fautes antisportives en tant que joueur.
- 1 faute antisportive et une faute technique en tant que joueur.
- 1 faute technique en tant qu'entraineur principal enregistrée 'C1' et 1 faute antisportive ou technique en tant que joueur.
- 1 faute technique en tant qu'entraineur principal enregistrée 'B1' ou 'B2', 1 faute technique en tant qu'entraineur enregistrée 'C1' et 1 faute antisportive ou technique en tant que joueur.
- 2 fautes techniques en tant qu'entraineur principal enregistrées 'B1' ou 'B2'et 1 faute antisportive ou technique en tant que joueur.
- 2 fautes techniques en tant qu'entraineur principal enregistrées 'C1'
- 1 faute technique en tant qu'entraineur principal enregistrée 'C1' et 2 fautes techniques en tant qu'entraineur principal enregistrées 'B1' ou 'B2'.
- 3 fautes techniques en tant qu'entraineur principal enregistrées 'B1' ou 'B2'.

Si un joueur - entraineur principal doit être automatiquement disqualifié, un « GD » doit être enregistré sur la feuille de marque derrière la faute qui a conduit à sa disqualification automatique. Le joueur alors désigné comme nouveau capitaine doit devenir le nouveau joueur-entraineur principal.

36-27 Exemple   **Entraineur-joueur : Disqualification pour 'T' + 'C'**

Au cours du 1er quart-temps, le joueur-entraineur A1 est sanctionné d'une faute technique en tant que joueur pour avoir simulé une faute. Au cours du 4ème quart-temps, A2 dribble quand le joueur-entraineur principal A1 est sanctionné d'une faute technique personnelle enregistrée 'C1' pour sa conduite personnelle antisportive en tant qu'entraineur principal.

Interprétation :

Le joueur-entraineur principal A1 doit être automatiquement disqualifié. Seule la seconde faute technique de A1 doit être pénalisée et aucune autre sanction supplémentaire ne doit être administrée pour la disqualification de A1. Le marqueur doit avertir un arbitre immédiatement quand un joueur-entraineur principal a été sanctionné d'1 faute technique en tant que joueur et d'1 faute technique personnelle en tant qu'entraineur principal et qu'A1 devrait être automatiquement disqualifié.

N'importe quel joueur de l'équipe B doit tenter 1 lancer-franc, sans alignement. Le jeu doit reprendre par une remise en jeu de l'équipe A au plus près de l'endroit où se trouvait le ballon au moment où la faute technique s'est produite. L'équipe A doit avoir le temps restant sur le chronomètre des tirs.

36-28 Exemple   Entraineur-joueur : Disqualification pour 'U' + 'B' + 'B'

Au cours du second quart-temps, le joueur-entraineur A1 est sanctionné d'une faute antisportive sur B1 en tant que joueur. Au cours du 3ème quart-temps, le joueur-entraineur A1 est sanctionné d'une faute technique enregistrée 'B1' pour la conduite antisportive de son kiné. Au cours du 4ème quart-temps, A2 dribble lorsque le remplaçant A6 est sanctionné d'une faute technique. La faute technique de A6 doit être enregistrée 'B1' au compte du joueur-entraineur principal A1.

Interprétation :

Le joueur-entraineur A1 doit être automatiquement disqualifié. Seule sa seconde faute technique (celle qui concerne le remplaçant A6) doit être pénalisée et aucune autre sanction supplémentaire ne doit être administrée pour sa disqualification. Le marqueur doit avertir un arbitre immédiatement quand le joueur-entraineur a été sanctionné d'1 faute antisportive en tant que joueur et de 2 fautes techniques, en tant qu'entraineur principal, pour la conduite des membres de son banc d'équipe. A1 doit être automatiquement disqualifié.

N'importe quel joueur de l'équipe B doit tenter 1 lancer-franc, sans alignement. Le jeu doit reprendre par une remise en jeu de l'équipe A au plus près de l'endroit où se trouvait le ballon au moment où la faute technique de A6 s'est produite. L'équipe A doit avoir le temps restant sur le chronomètre des tirs.

36-29 Exemple   Entraineur-joueur : Disqualification pour 'C' + 'U'

Au cours du second quart-temps, le joueur-entraineur A1 est sanctionné d'une faute technique pour sa propre conduite antisportive en tant qu'entraineur principal, enregistrée 'C1'. Au cours du 4ème quart-temps, A1 sanctionné d'une faute antisportive sur B1 en tant que joueur.

Interprétation :

Le joueur-entraineur A1 doit être automatiquement disqualifié. Seule sa faute antisportive doit être pénalisée et aucune autre sanction supplémentaire ne doit être administrée pour la disqualification de A1. Le marqueur doit avertir un arbitre immédiatement quand le joueur-entraineur a été sanctionné et d'1 faute technique 'C' en tant qu'entraineur principal pour sa conduite antisportive personnelle, et maintenant d'une faute antisportive en tant que joueur, et qu'A1 doit être automatiquement disqualifié.

B1 doit tenter 2 lancers-francs, sans alignement. Le jeu doit reprendre par une remise en jeu de l'équipe B depuis la ligne de remise en jeu de sa zone avant. L'équipe B doit avoir 14 secondes sur le chronomètre des tirs.

36-30 Exemple   Faute technique d'un remplaçant quand l'entraineur-joueur est sur le terrain.

Le joueur-entraineur A1 est joueur quand le remplaçant A6 est sanctionné d'une faute technique.

Interprétation :

La faute technique résulte d'une conduite antisportive d'une autre personne autorisée à s'asseoir sur le banc d'équipe. Elle est donc enregistrée au nom de l'entraîneur-joueur, même si un aide-entraineur est enregistré sur la feuille de marque.

36-31 Exemple   Inscription d'une faute technique pendant un intervalle

Pendant un intervalle de jeu,

    a) Le remplaçant A6

    b) L'Entraineur principal -joueur A1

    c) Le médecin de l'équipe A

… est sanctionné d'une faute technique.

Interprétation :

La faute technique est enregistrée à :

    a) à A6

b) à A1, comme joueur

c) à A1 comme Entraineur-joueur,

… même si un aide-entraineur est enregistré sur la feuille de marque

36-32 Exemple   **Entraineur-joueur : Disqualification pour 'C' + 'U'**

Le joueur-entraineur principal A1 a été sanctionné de 4 fautes comme joueur et d'une faute technique comme entraineur.

Interprétation :

Le joueur-entraineur A1 peut continuer à jouer tant qu'il n'a pas 5 fautes comme joueur et qu'il n'a pas été disqualifié comme entraineur principal. Après avoir été sanctionné d'une 5ème faute, le joueur – entraineur principal peut continuer à entrainer.

36-33 Principe   **Avertissement et faute technique au défenseur franchissant la ligne de touche**

Quand le chronomètre de jeu indique 2:00 ou moins dans le quatrième quart-temps et toute prolongation, une remise en jeu doit être administrée et l'arbitre doit remettre le ballon au joueur effectuant la remise en jeu. En présence d'un joueur défenseur, la procédure suivante doit s'appliquer :

i) L'arbitre doit montrer le signal de franchissement illégal de la ligne de touche au défenseur en guise d'avertissement avant de remettre le ballon au joueur effectuant la remise en jeu.

j) Si alors, le joueur défenseur déplace une partie de son corps au-delà de la ligne de touche, une faute technique doit être sifflée sans autre avertissement.

La même procédure s'applique aussi après un panier marqué ou un dernier lancer-franc réussi, que le ballon ait été remis ou non par l'arbitre au joueur effectuant la remise en jeu.

36-34 Exemple   **Avertissement et faute technique au défenseur franchissant la ligne de touche sur remise en jeu en zone avant**

Avec 1'08'' sur le chronomètre de jeu dans le 4ème quart-temps, A1 a le ballon dans les mains pour une remise en jeu depuis la ligne de touche :

a) Dans sa zone avant.

b) Dans sa zone arrière

L'arbitre montre à B1 le signal d'avertissement de franchissement illégal de la ligne. B1 déplace alors les mains au-dessus de la ligne de touche.

Interprétation : Comme l'arbitre a montré le signal d'avertissement à B1 avant de remettre le ballon à A1, B1 doit être sanctionné d'une faute technique pour avoir interféré sur la remise en jeu. N'importe quel joueur de l'équipe A doit tenter 1 lancer-franc, sans alignement. Le jeu doit reprendre par une remise en jeu de l'équipe A au plus près de l'endroit où la faute technique de B1 s'est produite.

a) L'équipe A doit avoir

- 14 secondes sur le chronomètre des tirs si le chronomètre des tirs montre 13 secondes ou moins, et

- Le temps restant si le chronomètre des tirs montre 14 secondes ou plus.

b) L'équipe A doit avoir 24 secondes sur le chronomètre des tirs.

36-35 Principe   **Nouveau franchissement de ligne de touche après avertissement**

Pendant l'un des 3 premiers quart-temps ou quand le chronomètre de jeu affiche plus de 2 minutes dans le quatrième quart-temps ou une prolongation, une situation de remise en jeu a lieu. Si le joueur défenseur déplace une partie de son corps au-dessus de la ligne de touche pour interférer sur la remise en jeu, les procédures suivantes doivent s'appliquer :

- Les arbitres doivent immédiatement interrompre le jeu et montrer le geste d'avertissement de franchissement illégale de la ligne de touche. Cet avertissement s'applique à tout joueur de cette équipe pour le reste de la rencontre.

- Si le défenseur déplace alors à nouveau toute partie de son corps au-dessus de la ligne de touche pour interférer sur la remise en jeu, il doit être sanctionné d'une faute technique sans aucun autre avertissement.

36-36 Exemple   **Sanction sur la 1ère ou l'interférence suivante sur remise en jeu**

Avec 4'27'' sur le chronomètre de jeu dans le 2ème quart-temps, après un panier marqué par B1, A1 a le ballon dans les mains pour une remise en jeu depuis la ligne de fond. B1 déplace alors les mains au-dessus de la ligne de fond pour gêner la remise en jeu de A1.

Interprétation :

    a) Si un joueur de l'équipe B interfère pour la première fois de la rencontre sur une remise en jeu, l'arbitre doit interrompre le jeu immédiatement et donner un avertissement verbal à B1 et à l'entraineur principal de l'équipe B. Cet avertissement s'applique à tous les joueurs de l'équipe B pour le reste de la rencontre.

    b) Si l'arbitre a déjà donné un avertissement verbal au cours de la rencontre à n'importe quel joueur de l'équipe B pour une interférence sur une remise en jeu, B1 doit être sanctionné d'une faute technique. N'importe quel joueur de l'équipe A doit tenter un lancer-franc sans alignement. Le jeu doit reprendre par une remise en jeu par l'équipe A depuis sa ligne de fond. L'équipe A doit avoir 24 secondes sur le chronomètre des tirs.

36-37 Principe   **Moment du tir de lancer-franc lors des sanctions de fautes techniques**

Quand une faute technique est sifflée, le lancer-franc de sa sanction doit être administré immédiatement, sans alignement. Après le lancer-franc, le jeu doit reprendre par une remise en jeu au plus près de l'endroit où se trouvait le ballon au moment où la faute technique s'est produite.

36-38 Exemple   **Cas de Faute technique B si l'équipe A a le ballon en zone arrière.**

Avec 21 secondes sur le chronomètre des tirs, A1 dribble dans sa zone arrière et B1 est sanctionné d'une faute technique.

Interprétation :

N'importe quel joueur de l'équipe A doit tenter 1 lancer-franc, sans alignement. Le jeu doit reprendre par une remise en jeu de l'équipe A au plus près de l'endroit où se trouvait le ballon au moment où la faute technique de B1 s'est produite. L'équipe A doit bénéficier d'une nouvelle période de 8 secondes et de 24 secondes sur le chronomètre des tirs.

36-39 Exemple   **Cas de Faute technique partenaire si l'équipe A a le ballon en zone arrière**

Avec 21 secondes sur le chronomètre des tirs, A1 dribble en zone arrière et A2 est sanctionné d'une faute technique.

Interprétation :

N'importe quel joueur de l'équipe B doit tenter 1 lancer-franc, sans alignement. Le jeu doit reprendre par une remise en jeu de l'équipe A au plus près de l'endroit où se trouvait le ballon au moment où la faute technique de A2 s'est produite. L'équipe A doit avoir 5 secondes pour amener le ballon dans sa zone avant. L'équipe A doit avoir 21 secondes sur le chronomètre des tirs.

36-40 Exemple   **Ordre des réparations sur faute technique A2 après faute de B1 sur tir de A1**

B1 est sanctionné d'une faute sur A1 qui était en action de tir à 2 points. Le ballon ne pénètre pas dans le panier.

    a) Avant le premier des 2 lancers-francs de A1, A2 est sanctionné d'une faute technique.

    b) Après le 1er des 2 lancers-francs de A1, A2 est sanctionné d'une faute technique.

Interprétation :

    a) N'importe quel joueur ou remplaçant de l'équipe B doit tenter 1 lancer-franc sans alignement. Après cela A1 doit tenter 2 lancers-francs.

    b) N'importe quel joueur de l'équipe B doit tenter 1 lancer-franc sans alignement. Après cela A1 doit tenter son 2ème lancer-franc.

Dans les 2 cas, le jeu doit reprendre comme après tout dernier lancer-franc.

36-41 Exemple   Faute technique pendant un temps-mort
Pendant un temps-mort, A2 est sanctionné d'une faute technique.
Interprétation :
Le temps-mort doit être terminé. Après le temps-mort, n'importe quel joueur ou remplaçant de l'équipe B doit tirer 1 lancer-franc. Le jeu doit reprendre au plus près de l'endroit où le jeu a été interrompu pour le temps-mort.

36-42 Exemple   Faute technique pendant un tir – ballon en l'air
A1 tente un tir du terrain. Pendant que le ballon est en l'air, une faute technique est sifflée à :
    a) B1 ou le médecin de l'équipe B.
    b) A2 ou le médecin de l'équipe A.
Interprétation :
Après le lancer-franc tenté par :
    a) N'importe quel joueur de l'équipe A doit tenter 1 lancer-franc.
    b) N'importe quel joueur de l'équipe B doit tenter 1 lancer-franc.
- Si le ballon sur le tir de A1 a pénétré dans le panier, le panier compte. Le jeu doit reprendre par une remise en jeu par l'équipe B depuis n'importe quel endroit derrière sa ligne de fond.
- Si le ballon sur le tir de A1 n'a pas pénétré pas dans le panier, le jeu doit reprendre par une remise en jeu de possession alternée depuis le point le plus près d'où le ballon se trouvait au moment où la faute technique s'est produite.

36-43 Exemple   Faute technique pendant un tir - ballon dans les mains du tireur
A1 a le ballon dans les mains sur son action de tir quand une faute technique est sifflée à :
    a) B1 ou au médecin de l'équipe B.
    b) A2 ou au médecin de l'équipe A.
Interprétation :
    a) N'importe quel joueur de l'équipe A doit tenter un lancer-franc. Si le ballon sur le tir de A1 a pénétré dans le panier, le panier doit compter. Le jeu doit reprendre par une remise en jeu par l'équipe B depuis n'importe quel endroit derrière la ligne de fond.
    b) N'importe quel joueur de l'équipe B doit tenter un lancer-franc. Si le ballon sur le tir de A1 a pénétré dans le panier, le panier ne doit pas compter. Le jeu doit reprendre par une remise en jeu par l'équipe A depuis le prolongement de la ligne des lancers-francs.
Dans les 2 cas, si le ballon sur le tir de A1 n'a pas pénétré dans le panier, le jeu doit reprendre par une remise en jeu de l'équipe A au plus près de l'endroit où se trouvait le ballon au moment où la faute technique s'est produite.

Article 37 FAUTE ANTISPORTIVE

37-1 Principe   Faute antisportive sur un joueur qui progresse vers le panier
Tout contact illégal commis latéralement ou par derrière par un joueur sur un adversaire qui progresse vers le panier adverse avec aucun joueur adverse situé entre le joueur qui progresse, le ballon et le panier doit être sanctionné d'une faute antisportive jusqu'à ce que le joueur attaquant commence son action de tir. Cependant, tout contact résultant d'une absence de tentative légitime de jouer directement le ballon ou tout contact rude ou excessif répondant aux critères d'une faute antisportive doit aussi être sanctionné d'une faute antisportive à n'importe quel moment de la rencontre.

37-2 Exemple :   Faute par derrière pendant le dribble sur contre-attaque
A1 dribble vers le panier sur une contre-attaque et il n'y a aucun adversaire entre A1 et le panier de l'adversaire. B1 commet un contact illégal par derrière sur A1.
Interprétation :
C'est une faute antisportive de B1.

37-3   Exemple :   Faute par derrière, avant tir sur contre-attaque

Terminant sa contre-attaque, et avant que A1 ait le ballon dans les mains pour commencer son action de tir, B1 commet un contact illégal par derrière sur le bras de A1 :
a) En essayant d'intercepter le ballon
b) En créant un contact qui réunit les critères d'une faute antisportive
Interprétation :
Dans les 2 cas, c'est une faute antisportive de B1.

37-4   Exemple :   Faute par derrière sur un tir en fin de contre-attaque

Terminant sa contre-attaque, A1 a le ballon dans les mains dans son action de tir lorsque B1 provoque un contact sur le bras de A1 par derrière.
a) En essayant de contrer le ballon sur le tir
b) En créant un contact qui réunit les critères d'une faute antisportive
Interprétation :
a) C'est une faute personnelle de B1
b) C'est une faute antisportive de B1

37-5   Exemple :   Faute antisportive sur un joueur s'apprêtant à attraper le ballon sur une contre-attaque ouverte

A1 passe le ballon depuis sa zone arrière vers A2 qui se situe en zone avant et qui progresse vers le panier de l'adversaire, sans qu'aucun joueur de l'équipe B se trouve entre A2 et le panier. A2 saute en l'air et avant qu'A2 attrape le ballon, B1 provoque un contact sur A2 par derrière. La faute de B1 est sifflée.
Interprétation :
C'est une faute antisportive de B1 car ce contact est commis par derrière ou sur le côté sur un joueur adverse alors qu'aucun joueur de l'équipe B ne se situe entre A2 et le panier après que le ballon a été passé vers A2.

37-6   Exemple :   Pas de faute antisportive sur un joueur sur un contact par derrière avant une passe de contre-attaque avec chemin ouvert vers le panier

A1 a le ballon dans les mains en zone arrière. A2 qui se situe en zone avant et progresse vers le panier de l'adversaire, sans qu'aucun joueur de l'équipe B se trouve entre A2 et le panier. Avant qu'A1 passe le ballon à A2, B1 crée un contact sur A2 par derrière.
Interprétation :
Ce n'est pas une faute antisportive de B1 car bien que ce contact est commis par derrière ou sur le côté sur un joueur adverse alors qu'aucun joueur de l'équipe B ne se situe entre A2 et le panier, A1 n'a pas encore lâché le ballon pour le passer à A2.

37-7   Exemple :   Faute antisportive sur un joueur essayant de contrôler le ballon sur une interception sans adversaire entre lui et le panier

B1 dans la zone arrière du dribbleur A1 chasse le ballon loin de A1. B1 tente alors de prendre le contrôle du ballon. Sans qu'aucun joueur de l'équipe A ne se trouve entre B1 et le panier, A2 provoque un contact sur B1 par derrière ou latéralement.
Interprétation :
C'est une faute antisportive de A2 sur B1 car ce contact est commis par derrière ou latéralement sur B1 alors que B1 tente de prendre le contrôle du ballon alors qu'aucun joueur de l'équipe A ne se situe entre B1 et le panier.

37-8 **Principe** **Faute technique, antisportive ou disqualifiante après une 5ème faute antisportive de joueur**

Après qu'un joueur a été sanctionné de sa 5ème faute, ce joueur devient un joueur éliminé. Toute faute technique, disqualifiante ou de comportement antisportif ultérieure commise par ce joueur doit être inscrite ' B ' au compte de l'entraineur principal et pénalisée en conséquence.

37-9 **Exemple :** **Conduite antisportive après 5ème faute : inscrite comme faute technique B**

B1 est sanctionné d'une faute sur le dribbleur A1. C'est la 5ème faute de B1 et la 2ème faute de l'équipe B dans le quart-temps. En se rendant sur son banc, B1 bouscule A1.

Interprétation :

Avec sa 5ème faute, B1 est devenu un joueur éliminé. La conduite antisportive de B1 doit être enregistrée comme faute technique à l'entraineur principal B, inscrite 'B1'. N'importe quel joueur de l'équipe A doit tirer 1 lancer-franc, sans alignement. Le jeu doit reprendre par une remise en jeu de l'équipe A au plus près de l'endroit où se trouvait le ballon au moment où la conduite antisportive de B1 s'est produite.

37-10 **Exemple :** **Faute technique après 5ème faute : inscrite comme faute technique B**

A1 est sanctionné d'une faute sur le dribbleur B1. C'est la 5ème faute de A1 et la 3ème faute de l'équipe A dans le quart-temps. En se rendant sur son banc, A1 est sanctionné d'une faute technique pour avoir insulté un arbitre.

Interprétation :

Avec sa 5ème faute, A1 est devenu un joueur éliminé. La faute technique de A1 doit être imputée comme faute technique à l'entraineur principal A, inscrite 'B1'. N'importe quel joueur de l'équipe B doit tirer 1 lancer-franc, sans alignement. Le jeu doit reprendre par une remise en jeu de l'équipe B au plus près de l'endroit où se trouvait le ballon au moment où la faute de A1 a été commise.

37-11 **Exemple :** **Faute antisportive A1 après 5ème faute + faute antisportive B1**

A1 est sanctionné de sa 5ème faute. C'est la 2ème faute de l'équipe A dans le quart-temps. En se rendant sur son banc, A1 bouscule B1. Puis B1 bouscule A1 à son tour. B1 est sanctionné d'une faute antisportive.

Interprétation :

Avec sa 5ème faute, A1 est devenu un joueur éliminé. La conduite antisportive de A1 doit être imputée comme faute technique à l'entraineur principal A, inscrite 'B1'. La faute antisportive de B1 doit être inscrite à son compte, enregistrée 'U2'. N'importe quel joueur de l'équipe B doit tirer 1 lancer-franc, sans alignement. Le remplaçant de A1 doit tirer 2 lancers-francs, sans alignement. Le jeu doit reprendre par une remise en jeu de l'équipe A depuis le point de remise en jeu de sa zone avant. L'équipe A doit avoir 14 secondes sur le chronomètre des tirs.

Article 38 FAUTE DISQUALIFIANTE

38-1 **Principe** **Plus d'autre sanction possible après une disqualification**

Toute personne disqualifiée n'est plus une personne autorisée à s'asseoir sur le banc d'équipe. Dès lors, cette personne ne peut plus être sanctionnée pour toute conduite antisportive ultérieure.

38-2 **Exemple** **Pas de sanction mais rapport pour des insultes après une faute disqualifiante**

A1 est disqualifié pour sa conduite antisportive flagrante. En quittant le terrain, A1 continue à insulter verbalement un arbitre.

Interprétation :

A1 est déjà disqualifié et ne peut plus être sanctionné pour ses insultes verbales. Le Crew chief ou le commissaire, si présent, devront envoyer un rapport décrivant l'incident au corps organisateur de la compétition.

38-3   Principe   Même sanction pour faute disqualifiante avec ou sans contact
Si un joueur est disqualifié pour une conduite antisportive flagrante sans contact, la sanction doit être identique que pour n'importe quelle autre faute disqualifiante sans contact.

38-4   Exemple   Marcher puis faute disqualifiante pour insulte
A1 commet une violation de marcher. Frustré, A1 insulte verbalement l'arbitre. Il est sanctionné d'une faute disqualifiante.
Interprétation :
A1 est devenu un joueur disqualifié. La faute disqualifiante de A1 doit être enregistrée à son compte et inscrite 'D2'. N'importe quel joueur de l'équipe B doit tirer 2 lancers-francs, sans alignement. Le jeu doit reprendre par une remise en jeu de l'équipe B depuis la ligne de remise en jeu de sa zone avant. L'équipe B doit avoir 14 secondes sur le chronomètre des tirs.

38-5   Principe   En cas de disqualification d'un entraineur ou d'une personne du banc
Quand un entraineur principal est disqualifié, la faute disqualifiante doit être enregistrée 'D2'.
Quand toute autre personne autorisée à s'assoir sur le banc d'équipe est disqualifiée, l'entraineur principal doit être sanctionné d'une faute technique enregistrée "B2", la sanction doit être la même que pour n'importe quelle autre faute disqualifiante sans contact.

38-6   Exemple   Cas de disqualification pour insulte d'un joueur après sa 5ème faute (2ème d'équipe)
A1 est pénalisé de sa 5ème faute personnelle. C'est la 2ème faute de l'équipe A dans le quart-temps. En se rendant sur son banc …
   a) A1 insulte verbalement un arbitre.
   b) A1 frappe B2 au visage
Dans les 2 cas, A1 est sanctionné d'une faute disqualifiante.
Interprétation : Avec sa 5ème faute personnelle, A1 est devenu un joueur éliminé. A1 devient ensuite un joueur éliminé et disqualifié quand il a insulté verbalement ou a frappé B2. La faute disqualifiante de A1 doit être enregistrée d'une part 'D' au compte de A1, et d'autre part 'B2' au compte de l'entraineur principal A. B2 doit tenter 2 lancers-francs, sans alignement.
   a) N'importe quel joueur de l'équipe B doit tirer 2 lancers-francs, sans alignement.
   b) B2 doit tenter 2 lancers-francs sans alignement.
Dans les 2 cas, le jeu doit reprendre par une remise en jeu de l'équipe B depuis le point de remise en jeu de sa zone avant. L'équipe B doit avoir 14 secondes sur le chronomètre des tirs.

38-7   Principe   Fautes disqualifiante résultant d'une conduite antisportive envers adversaire, partenaire, officiels, spectateurs ou matériel
Une faute disqualifiante consiste en toute action antisportive flagrante de la part d'un joueur ou de toute autre personne autorisée à s'assoir sur le banc d'équipe. Ces fautes disqualifiantes peuvent résulter :
• D'actions dirigées vers toute personne de l'équipe adverse, les arbitres, les officiels de table, le commissaire ou les spectateurs.
• D'actions dirigées contre tout membre de sa propre équipe
• D'actions endommageant intentionnellement l'équipement de la rencontre

38-8   Exemple   Sanctions selon le fautif et le type de faute disqualifiante
Les actions antisportives flagrantes suivantes peuvent se produire :
a) A1 frappe son partenaire A2.
b) A1 quitte le terrain de jeu et frappe un spectateur.
c) Le remplaçant A6 frappe son coéquipier A7.
d) Le remplaçant A6 frappe le marqueur et endommage le chronomètre des tirs.
Interprétation :

- Dans les cas a) et b) : A1 doit être disqualifié. La faute disqualifiante de A1 doit lui être imputée et enregistrée 'D2'.
- Dans les cas c) et d) : A6 doit être disqualifié. La faute disqualifiante de A6 doit être enregistrée 'D' à son compte, et imputée à l'entraîneur principal de A6 et enregistrée 'B2'.

N'importe quel joueur de l'équipe B doit tirer 2 lancers-francs, sans alignement. Le jeu doit reprendre par une remise en jeu de l'équipe B depuis le point de remise en jeu de sa zone avant. L'équipe B doit avoir 14 secondes sur le chronomètre des tirs.

38-9 Principe   Un joueur disqualifié continue son attitude sur le chemin des vestiaires

Si un joueur est disqualifié et que sur le chemin des vestiaires, il agit d'une façon qui est compatible avec une faute antisportive ou disqualifiante, ces agissements additionnels ne doivent pas être pénalisés et doivent seulement être rapportés à l'organisme gérant la compétition.

38-10 Exemple   Joueur disqualifié sanctionné ensuite d'une faute antisportive ou disqualifiante.

A1 est sanctionné d'une faute disqualifiante pour avoir agressé verbalement un arbitre. Sur le chemin de son vestiaire :

    a) A1 bouscule B1 d'une façon compatible avec une faute antisportive.
    b) A1 bouscule B1 d'une façon compatible avec une faute disqualifiante.

Interprétation :

Après la disqualification de A1, la faute additionnelle de A1 ne peut pas être pénalisée. Les actions de A1 doivent être rapportées par le Crew-chief ou le commissaire, si présent, auprès de l'organisme gérant la compétition.

Dans les deux cas, l'équipe B doit bénéficier de 2 lancers-francs sans alignement pour la faute disqualifiante de A1. Le jeu doit reprendre par une remise en jeu de l'équipe B depuis le point de remise en jeu de sa zone avant. L'équipe B doit avoir 14 secondes sur le chronomètre des tirs.

Article 39 BAGARRE

39-1 Principe   Maintien du temps restant aux 24" en cas de bagarre

Si, après une bagarre, toutes les sanctions se sont annulées l'une l'autre, l'équipe qui était en contrôle du ballon ou qui était supposée l'avoir quand la bagarre a commencé devra bénéficier d'une remise en jeu au plus près du lieu où se trouvait le ballon quand la bagarre a commencé. L'équipe devra avoir le temps qui restait sur le chronomètre des tirs quand le jeu a été interrompu.

39-2 Exemple   Maintien du temps restant aux CT en cas de bagarre

L'équipe A est en possession du ballon depuis :

    a) 20 secondes,
    b) 5 secondes,

… lorsqu'une situation pouvant conduire à une bagarre se produit sur le terrain de jeu. Les arbitres disqualifient 2 remplaçants de chaque équipe pour avoir quitté leur zone de banc d'équipe.

Interprétation :

L'équipe A, qui contrôlait le ballon avant que la situation de bagarre a commencé, devra bénéficier d'une remise en jeu au plus près du lieu où se trouvait le ballon quand la bagarre a commencé avec :

    d) Les 4 secondes restant sur le chronomètre des tirs.
    e) Les 19 secondes restant sur le chronomètre des tirs.

39-3 Principe   Sanction lors d'une disqualification d'un membre du banc lors d'une bagarre

L'entraîneur principal de l'équipe A doit être sanctionné d'une seule faute technique pour sa propre disqualification, celle(s) de son premier entraîneur-adjoint, de tout remplaçant(s), de tout joueur(s) éliminé(s) pour 5 fautes ou de toute(s) autres(s) personne(s) autorisée(s) à s'assoir sur le banc d'équipe, pour avoir quitté la zone de banc d'équipe lors d'une bagarre.

a) Si cette faute technique inclut entre autres la disqualification de l'entraineur, elle devra être enregistrée 'D2' au compte de l'entraineur principal.

b) Si cette faute technique inclut seulement la disqualification d'autre(s) personne(s), elle devra être enregistrée 'B2' au compte de l'entraineur principal.

La sanction sera de 2 lancers-francs sans alignement et de la possession du ballon pour les adversaires.

Pour chaque faute disqualifiante supplémentaire, la sanction doit être de 2 lancers-francs sans alignement et possession du ballon pour l'adversaire.

Toute sanction supplémentaire doit être administrée, à moins qu'il y ait des sanctions égales imputées aux deux équipes leur permettant d'être annulées. Dans ce cas, le jeu doit reprendre par une remise en jeu depuis la ligne de remise en jeu en zone avant de l'équipe comme lors de toute faute disqualifiante. L'équipe adverse doit avoir 14 secondes sur le chronomètre des tirs.

39-4   Exemple   Bagarre. Entrée sur le terrain de A6

Lors d'une bagarre, le remplaçant A6 entre sur le terrain de jeu. A6 doit être disqualifié.

Interprétation :

La disqualification de A6 doit être entrée 'D' au compte de A6 sur la feuille de marque et des 'F' doivent être inscrits dans les cases de fautes restantes. L'entraineur principal de l'équipe A doit être sanctionné d'une faute technique, enregistrée 'B2 ' à son propre compte. N'importe quel joueur de l'équipe B doit tirer 2 lancers-francs, sans alignement. Le jeu doit reprendre par une remise en jeu de l'équipe B depuis le point de remise en jeu de sa zone avant. L'équipe B doit avoir 14 secondes sur le chronomètre des tirs.

39-5   Exemple   Bagarre A1-B1. Entrée sur le terrain de A6 et B6 inactifs, et de A7 qui frappe

A1 et B1 commencent une bagarre sur le terrain. A ce moment, les remplaçants A6 et B6 entrent sur le terrain sans s'impliquer dans la bagarre. A7 entre également sur le terrain et frappe B1 au visage avec le poing.

Interprétation :

- A1 et B1 doivent être disqualifiés et leurs fautes doivent être enregistrées 'Dc'.
- A7 doit être disqualifié, et sa faute enregistrée 'D2' à son propre compte. Sur la feuille de marque, les cases de fautes restant de A7 doivent chacune être remplies d'un 'F'.
- A6 et B6 doivent être disqualifiés pour être entrés sur le terrain de jeu pendant une bagarre, et un 'D' doit être enregistré à leur compte. Sur la feuille de marque, les cases de fautes restant de A6 et B6 doivent être chacune remplies d'un 'F'.
- Les entraineurs principaux A et B doivent chacun être sanctionnés d'une faute technique enregistrée 'Bc ' à leur propre compte.

Les sanctions des 2 fautes disqualifiantes (A1, B1) et des 2 fautes techniques 'B' (pour la disqualification d'A6 et B6) doivent chacune s'annuler l'une et l'autre.

La sanction de la disqualification de A7 pour son implication active dans la bagarre, enregistrée 'D2' à son propre compte, doit être administrée.

Le remplaçant de B1 doit tenter les 2 lancers-francs, sans alignement. Le jeu doit reprendre par une remise en jeu de l'équipe B depuis le point de remise en jeu de sa zone avant. L'équipe B doit avoir 14 secondes sur le chronomètre des tirs.

39-6   Exemple   Bagarre A1-B1. Entrée sur le terrain de A6 et du manager A qui frappent

A1 et B1 commencent une bagarre sur le terrain. Le remplaçants A6 et le manager de l'équipe A entrent sur le terrain et participent activement à la bagarre.

Interprétation :

- A1 et B1 doivent être disqualifiés, fautes enregistrés 'Dc' à leur propre compte. Les sanctions des 2 fautes disqualifiantes (A1, B1) s'annulent l'une et l'autre.
- L'entraineur principal A doit être sanctionnés d'une faute technique enregistrée 'B2' à son propre compte pour la sortie de la zone de banc d'équipe de A6 et du manager de l'équipe A.
- A6 doit additionnellement être disqualifié, faute enregistrée 'D2' à son propre compte, pour son implication active dans la bagarre. Sur la feuille de marque, les cases de fautes restant de A6 doivent chacune être remplies par un 'F'.
- Le manager de l'équipe A doit aussi être disqualifié pour son implication active dans la bagarre. Sa faute disqualifiante doit être inscrite au compte de l'entraineur principal A avec un 'B2' encerclé, et ne doit pas être comptabilisée pour la possible disqualification de la rencontre de l'entraineur principal.

N'importe quel(s) joueur(s) de l'équipe B doit/doivent tenter les 6 lancers-francs, sans alignement :

c) 2 lancers-francs sans alignement pour la faute technique de l'entraineur principal A pour l'entrée sur le terrain de A6 et du manager de l'équipe A,

d) 2 lancers-francs sans alignement pour la faute disqualifiante de A6 pour sa participation active à la bagarre,

e) 2 lancers-francs sans alignement pour la faute technique de l'entraineur principal A liée à la participation active à la bagarre du manager de l'équipe A.

Après les lancers-francs, le jeu doit reprendre par une remise en jeu de l'équipe B depuis le point de remise en jeu de sa zone avant. L'équipe B doit avoir 14 secondes sur le chronomètre des tirs.

39-7 Exemple   Entrée sur le terrain de l'entraineur A qui bouscule un joueur

L'entraineur principal A quitte sa zone de banc d'équipe et participe à une bagarre en bousculant fortement B1 sur le terrain de jeu.

Interprétation :

L'entraineur principal A doit être sanctionné d'une faute disqualifiante pour avoir quitté la zone de banc d'équipe et ne pas avoir assisté les arbitres pour rétablir l'ordre, faute enregistrée 'D2' sur la feuille de marque. L'entraineur principal A ne doit pas être sanctionné d'une autre faute disqualifiante pour son implication active dans la bagarre. Les cases de fautes restant de l'entraineur principal A doivent être remplie d'un 'F' sur la feuille de marque.

N'importe quel joueur de l'équipe B doit tirer 2 lancers-francs, sans alignement. Le jeu doit reprendre par une remise en jeu de l'équipe B depuis le point de remise en jeu de sa zone avant. L'équipe B doit avoir 14 secondes sur le chronomètre des tirs.

39-8 Exemple   Situation de bagarre pendant un temps-mort

Au cours d'un temps-mort, des remplaçants ou membres accompagnant la délégation de l'une ou l'autre équipe entrent sur le terrain de jeu à proximité de leur banc d'équipe. A ce moment, une situation pouvant mener à une bagarre se produit sur le terrain.

a) Toutes les personnes déjà sur le terrain restent à proximité de leur banc d'équipe.

b) Quelques personnes déjà sur le terrain du fait du temps-mort quittent leur position à proximité de leur banc d'équipe et quelques joueurs s'impliquent également activement dans cette situation qui peut mener à une bagarre sur le terrain.

Interprétation :

a) Aucune personne présente sur le terrain du fait du temps-mort ne doit être disqualifiée.

b) Toutes les personnes déjà sur le terrain du fait du temps-mort ayant quitté la proximité de leur banc d'équipe et tous les joueurs s'étant impliqué activement dans la situation doivent être disqualifiés.

Article 42 SITUATIONS SPECIALES

42-1 Principe   Respect de l'ordre des infractions dans l'application de sanctions ou l'annulation de sanctions identiques.

Dans les situations spéciales de jeu impliquant un nombre de sanctions potentielles à exécuter pendant la même période de chronomètre de jeu arrêté, les arbitres doivent prêter une attention particulière à l'ordre dans lequel la violation ou la faute a été commise pour déterminer quelles sanctions doivent être exécutées et quelles sanctions doivent être annulées.

42-2 Exemple   Faute antisportive sur tir suivie du signal des 24"

B1 est sanctionné d'une faute antisportive sur le tireur A1. Le ballon est en l'air lorsque le signal sonore du chronomètre des tirs retentit :
a) Le ballon manque l'anneau,
b) Le ballon touche l'anneau mais ne pénètre pas dans le panier,
c) Le ballon pénètre dans le panier.

Interprétation :

Dans tous les cas, la faute antisportive de B1 ne doit pas être ignorée.
a) La violation du chronomètre des tirs par l'équipe A (le ballon a manqué l'anneau) doit être ignorée dans la mesure où elle s'est produite après la faute antisportive de B1. A1 doit tenter 2 ou 3 lancers-francs, sans alignement.
b) Ce n'est pas une violation du chronomètre des tirs. A1 doit tenter 2 ou 3 lancers-francs, sans alignement.
c) 2 ou 3 points sont accordés à A1. A1 doit tenter en plus 1 lancer-franc, sans alignement.

Dans tous les cas, le jeu doit reprendre par une remise en jeu par l'équipe A depuis la ligne de remise en jeu dans sa zone avant. L'équipe A doit avoir 14 secondes sur le chronomètre des tirs.

42-3 Exemple   Fautes personnelles successives sur le tireur

B1 est sanctionné d'une faute sur A1 qui est en action de tir. Après cette faute, tandis que A1 est toujours en action de tir au panier, B2 commet à son tour une faute sur A1.

Interprétation : La faute de B2 doit être ignorée à moins qu'elle ne soit une faute antisportive ou disqualifiante.

42-4 Exemple   Faute antisportive suivie de 2 fautes techniques

B1 est sanctionné d'une faute antisportive sur le dribbleur A1. Après la faute, les entraîneurs principaux A et B sont chacun sanctionnés d'une faute technique.

Interprétation :

Les sanctions identiques des fautes techniques des 2 entraîneurs principaux A et B doivent s'annuler. A1 doit tenter 2 lancers-francs, sans alignement. Le jeu doit reprendre par une remise en jeu par l'équipe A depuis la ligne de remise en jeu dans sa zone avant. L'équipe A doit avoir 14 secondes sur le chronomètre des tirs.

42-5 Exemple   Faute sur tir réussi suivie d'une faute technique

B1 est sanctionné d'une faute sur A1 sur une action de tir au panier réussi de A1. A1 est ensuite sanctionné d'une faute technique.

Interprétation :

Le panier de A1 doit compter. Les sanctions des 2 fautes sont égales et doivent s'annuler l'une l'autre. Le jeu doit reprendre par une remise en jeu comme après tout panier marqué.

42-6 Exemple   Faute sur tir réussi de A1 suivie d'une faute technique A1 puis coach B

B1 est sanctionné d'une faute personnelle sur A1 sur une action de tir au panier réussi. A1 est alors sanctionné d'une faute technique, suivie d'une faute technique sanctionnant l'entraîneur principal B.

Interprétation :

Le panier de A1 doit compter. Les sanctions de toutes les fautes sont égales (1 lancer-franc) et doivent être annulées dans l'ordre où elles se sont produites. Les sanctions pour la faute de B1 et la faute technique de A1 s'annulent l'une l'autre. Pour la faute technique de l'entraîneur principal B, n'importe quel joueur de l'équipe A doit tenter un lancer-franc sans alignement. Le jeu doit reprendre par une remise en jeu comme après tout panier marqué.

42-7 Exemple   Faute antisportive sur tir réussi suivie d'une faute technique
B1 est sanctionné d'une faute antisportive sur A1 sur une action de tir réussi. A1 est alors sanctionné d'une faute technique.
Interprétation :
Le panier de A1 doit compter. Les sanctions des 2 fautes ne sont pas égales et ne peuvent pas s'annuler l'une l'autre. N'importe quel joueur de l'équipe B doit tenter 1 lancer-franc, sans alignement. A1 doit ensuite tenter 1 lancer-franc, sans alignement. Le jeu doit reprendre par une remise en jeu de l'équipe A depuis le point de remise en jeu de sa zone avant. L'équipe A doit avoir 14 secondes sur le chronomètre des tirs.

42-8 Exemple   Faute de B1 – 3ème d'équipe - suivie d'une faute technique de A1
B1 est sanctionné d'une faute personnelle sur le dribbleur A1 dans la zone avant de l'équipe A.
   a) C'est la 3ème faute de l'équipe B dans le quart-temps.
   b) C'est la 5ème faute de l'équipe B dans le quart-temps.
A1 lance alors le ballon sur le corps de B1 (main, jambe ou torse, …)
Interprétation :
B1 doit être sanctionné d'une faute personnelle.
A1 doit être sanctionné d'une faute technique.
N'importe quel joueur de l'équipe B doit tenter 1 lancer-franc, sans alignement.
   a) Le jeu doit reprendre par une remise en jeu de l'équipe A dans sa zone avant au plus près du lieu où la faute de B1 s'est produite.
     • Si le chronomètre des tirs indiquait 14 secondes ou plus, l'équipe A doit avoir le temps restant sur le chronomètre des tirs.
     • Si le chronomètre des tirs indiquait 13 secondes ou moins, l'équipe A doit avoir 14 secondes sur le chronomètre des tirs.
   b) Le jeu doit reprendre comme après tout dernier lancer-franc.

42-9 Exemple   Faute disqualifiante pour avoir jeté le ballon au visage d'un adversaire après une 5ème faute d'équipe
B1 est sanctionné d'une faute sur le dribbleur A1.
   a) C'est la 3ème faute de l'équipe B dans le quart-temps.
   b) C'est la 5ème faute de l'équipe B dans le quart-temps.
Après cela, A1 lance le ballon au visage de B1 (tête).
Interprétation :
B1 doit être sanctionné d'une faute personnelle.
A1 doit être sanctionné d'une faute disqualifiante sans contact.
   a) La possession du ballon de l'équipe A est annulée car il y a une sanction ultérieure à administrer.
   b) Le remplaçant de A1 doit tenter 2 lancers-francs sans alignement.
Dans les 2 cas, n'importe quel joueur de l'équipe B doit tenter 2 lancers-francs sans alignement. Le jeu doit reprendre par une remise en jeu de l'équipe B depuis le point de remise en jeu de sa zone avant. L'équipe B doit avoir 14 secondes sur le chronomètre des tirs.

42-10 Exemple   Faute B1 en zone arrière puis faute technique B2 avec 8 sec au CT
Avec 8'' restant sur le chronomètre des tirs, B1 dans sa zone arrière est sanctionné d'une faute sur A1. Puis B2 est sanctionné d'une faute technique.
a) La faute de B1 est la 4ème de l'équipe B, la faute technique de B2 est la 5ème d'équipe du quart-temps.

b) La faute de B1 est la 5ème de l'équipe B, la faute technique de B2 est la 6ème d'équipe du quart-temps.

c) A1 était en action de tir et le ballon ne pénètre pas dans le panier.

d) A1 était en action de tir et le ballon pénètre dans le panier.

Interprétation :

Dans tous les cas, pour la faute technique de B2, n'importe quel joueur de l'équipe A doit tenter 1 lancer-franc, sans alignement. Après ce lancer-franc :

a) Le jeu doit reprendre par une remise en jeu de l'équipe A dans sa zone avant au plus près de l'endroit où la faute sur A1 s'est produite. L'équipe A doit avoir 14 secondes sur le chronomètre des tirs.

b) A1 doit tenter 2 lancers-francs. Le jeu doit reprendre comme après tout dernier lancer-franc.

c) A1 doit tenter 2 ou 3 lancers-francs. Le jeu doit reprendre comme après tout dernier lancer-franc.

d) Le panier de A1 doit compter. A1 doit tenter 1 lancer-franc. Le jeu doit reprendre comme après tout dernier lancer-franc.

42-11 Exemple   **Faute antisportive B1 puis faute technique A1 ou B2 avec 8 sec au CT**

Avec 8'' restant sur le chronomètre des tirs, B1 dans sa zone arrière est sanctionné d'une faute antisportive sur A1. Puis :

a) A2

b) B2

… est sanctionné d'une faute technique.

Interprétation :

a) N'importe quel joueur de l'équipe B doit tenter 1 lancer-franc, sans alignement.

b) N'importe quel joueur de l'équipe A doit tenter 1 lancer-franc, sans alignement

Dans les deux cas, après le lancer-franc de la faute technique, A1 devra tenter 2 lancers-francs, sans alignement. Le jeu doit reprendre par une remise en jeu de l'équipe A depuis le point de remise en jeu de sa zone avant. L'équipe A doit avoir 14 secondes sur le chronomètre des tirs.

42-12 Principe   **Double faute ou double fautes techniques pendant des lancers-francs**

Si des doubles fautes ou des fautes à sanction équivalentes sont sifflées pendant une activité de lancer-franc, les fautes doivent être enregistrées sur la feuille de marque, cependant aucune sanction ne doit être administrée.

42-13 Exemple   **Double faute ou double fautes techniques entre des lancers-francs**

A1 bénéficie de 2 lancers-francs.

a) Après le 1er lancer-franc …

b) Avant que le ballon devienne vivant pour le dernier lancer-franc …

A2 et B2 sont sanctionnés d'une double faute ou respectivement d'une faute technique chacun.

Interprétation :

Les sanctions égales des fautes de A2 et B2 doivent être annulées.

a) A1 doit tenter son 2ème lancer-franc, puis le jeu doit reprendre comme après tout dernier lancer-franc.

b) Le jeu doit reprendre comme après tout dernier lancer-franc réussi.

42-14 Principe   **Ordre d'administration des sanctions en cas de FT 'B2' à la suite d'une disqualification d'une personne du banc**

Si une faute technique est sifflée, la sanction de lancer-franc en résultant doit être administrée immédiatement sans alignement. Cela n'est pas valable pour une faute technique sanctionnant l'entraîneur principal à la suite de la disqualification de toute autre personne autorisée à s'asseoir sur le banc d'équipe. La sanction pour une telle faute technique (2 lancers-francs et une remise en jeu depuis le point de remise en jeu dans la zone avant de l'équipe) doit être administrée dans l'ordre dans laquelle toutes les fautes et violations se sont produites, à moins qu'elles aient été annulées.

42-15 Exemple   Ordre d'administration des sanctions sur disqualification d'un remplaçant

B1 est sanctionné d'une faute sur A1. C'est la 5ème faute de l'équipe B dans le quart-temps. Une situation pouvant conduire à une bagarre se produit alors sur le terrain de jeu. A6 pénètre sur le terrain de jeu, mais ne s'implique pas directement dans la bagarre. L'entraineur principal de l'équipe A est sanctionné d'une faute technique enregistrée 'B2' à son propre compte.

Interprétation : A6 doit être disqualifié pour être entré sur le terrain de jeu pendant une bagarre. L'entraineur principal de l'équipe A doit être sanctionné d'une faute technique enregistrée 'B2'. A1 doit tenter 2 lancers-francs sans alignement. N'importe quel joueur de l'équipe B doit ensuite tenter 2 lancers-francs sans alignement pour la faute technique de l'entraineur principal A. Le jeu doit reprendre par une remise en jeu de l'équipe B depuis le point de remise en jeu de sa zone avant. L'équipe B doit avoir 14 secondes sur le chronomètre des tirs.

42-16 Principe   Reprise de jeu après annulation de sanctions identiques

En cas de doubles fautes et après annulation de sanctions équivalentes contre les deux équipes et s'il ne reste aucune autre sanction à administrer, le jeu doit reprendre par une remise en jeu de l'équipe qui avait le contrôle du ballon ou qui avait droit au ballon avant la première infraction.

Dans le cas où aucune équipe n'avait le contrôle du ballon ou n'avait droit au ballon avant la première infraction, c'est une situation d'entre-deux. Le jeu doit reprendre par une remise en jeu de possession alternée.

42-17 Exemple   Doubles fautes techniques ou disqualifiantes pendant intervalle

Pendant un intervalle de jeu entre le 1er et le 2ème quart-temps, A1 et B1 sont chacun sanctionnés d'une faute disqualifiante ou les entraineurs principaux A et B sont chacun sanctionné d'une faute technique. La flèche de possession alternée est en faveur de :

    a) L'équipe A

    b) L'équipe B

Interprétation :

Les sanctions égales contre les équipes doivent être annulées.

Dans les 2 cas, le jeu doit reprendre par une remise en jeu pour l'équipe bénéficiant de la possession alternée depuis le prolongement de la ligne médiane, à l'opposé de la table de marque. Quand le ballon touche ou est légalement touché par un joueur sur le terrain de jeu, la direction de la flèche de possession alternée doit être tournée en faveur de l'équipe adverse.

42-18 Exemple   Faute après une première infraction

Une faute de l'équipe qui contrôle le ballon ou une violation de reprise de dribble est sifflée contre le dribbleur A1. Alors que le jeu reprend, B2 commet une faute sur A2…

    a) Avant …

    b) Après …

… que le ballon soit mis à disposition de l'équipe B pour la remise en jeu. C'est la 3ème faute de l'équipe B dans le quart-temps.

Interprétation :

Les deux infractions se produisent dans la même période de chronomètre de jeu arrêté et …

    a) Avant que le ballon devienne vivant pour la remise en jeu pour l'équipe B. En conséquence, les sanctions égales de remise en jeu doivent être annulées.

        Comme l'équipe A était en contrôle du ballon avant la première infraction, le jeu doit reprendre avec une remise en jeu par l'équipe A. L'équipe A doit avoir le temps restant sur le chronomètre des tirs.

    b) Après que le ballon est devenu vivant pour la remise en jeu pour l'équipe B. La sanction de remise en jeu pour la première infraction ne peut plus être annulée.

        La sanction de remise en jeu pour la faute de B2 annule le droit initial à la possession du ballon pour l'infraction de A1. Le jeu doit reprendre par une remise en jeu de l'équipe A depuis le point le plus proche de l'endroit où la faute de B2 a été commise.

- Si la remise en jeu est en zone arrière, l'équipe A doit avoir 24 secondes au chronomètre des tirs.
- Si la remise en jeu est en zone avant, l'équipe A doit avoir 14 secondes au chronomètre des tirs.

Article 43 LANCERS-FRANCS

43-1   Principe   Positions sur lancer-franc

Les joueurs positionnés dans les espaces de rebond sur un lancer-franc doivent être autorisés à occuper des positions alternées. Les joueurs non positionnés dans les espaces de rebond doivent rester derrière le prolongement de la ligne de lancer-franc et derrière la ligne à 3 points tant que le lancer-franc n'est pas terminé.

43-2   Exemple   Les joueurs non alignés dans leur place de rebond attitrées doivent rester derrière les lignes de LF et à 3 points

A1 tente un dernier lancer-franc. Aucun joueur de l'équipe B n'occupe les places de rebond qui lui est attribuée.

Interprétation :

Les joueurs qui n'occupent pas les positions de rebond qui leur sont affectées doivent rester derrière la ligne de lancer-franc prolongée et derrière la ligne à 3 points

43-3   Principe   Violation sur lancer-franc des 2 équipes = entre-deux

C'est une situation d'entre deux si des joueurs des 2 équipes commettent chacun une violation sur lancer-franc.

43-4   Exemple   Violation du tireur et d'un rebondeur adverse = entre-deux

B2 pénètre dans la zone restrictive avant que le ballon ait quitté les mains du tireur de lancer-franc A1. Le lancer-franc de A1 ne touche pas l'anneau.

Interprétation :

C'est une violation de lancer-franc de A1 et B2. Une situation d'entre deux se produit.

Article 44 ERREUR RECTIFIABLE

44-1   Principe   Limite de temps pour rectifier une erreur

Pour être rectifiable, l'erreur doit être reconnue par les arbitres, les officiels de table de marque ou le commissaire, s'il y en a un, avant que le ballon devienne vivant après le premier ballon mort suivant la remise en marche du chronomètre de jeu à la suite de l'erreur. Il en est ainsi :

1. L'erreur se produit pendant un ballon mort	L'erreur est rectifiable
2. Le ballon est vivant	L'erreur est rectifiable
3. Le chronomètre de jeu démarre ou continue à courir	L'erreur est rectifiable
4. Le ballon est mort	L'erreur est rectifiable
5. Le ballon est vivant	L'erreur n'est plus rectifiable

Après la correction de l'erreur le jeu reprend et le ballon est accordé à l'équipe qui avait le contrôle du ballon ou qui avait droit au ballon au moment où le jeu a été interrompu pour corriger l'erreur.

44-2   Exemple   2 lancers-francs accordés à tort

B1 est sanctionné d'une faute sur A1. C'est la 4ème faute de l'équipe B dans le quart-temps. A1 bénéficie par erreur de 2 lancers-francs. Après le lancer-franc réussi, le jeu continue. B2 dribble sur le terrain de jeu et marque un panier.

L'erreur est découverte :

a) Avant,
b) Après
… que le ballon soit à la disposition d'un joueur de l'équipe A pour effectuer la remise en jeu depuis sa ligne de fond.

Interprétation :
Le panier de B2 doit compter.
a) L'erreur demeure rectifiable. Les lancers-francs réussis ou non doivent être annulés. Le jeu doit reprendre par une remise en jeu pour l'équipe A depuis derrière la ligne de fond comme après n'importe quel panier marqué.
b) L'erreur n'est plus rectifiable. Le jeu doit se poursuivre.

44-3   Exemple   Reprise de jeu après oubli d'un lancer-franc
B1 est sanctionné d'une faute sur A1. C'est la 5ème faute de l'équipe B. A1 bénéficie de 2 lancers-francs. Après le 1er lancer-franc réussi, par erreur B2 récupère le ballon et passe le ballon depuis derrière la ligne de fond à B3. Avec 18 secondes sur le chronomètre des tirs …
    a) B3 dribble en zone avant …
    b) B3 marque un panier …
… quand l'erreur de ne pas avoir fait tenter le 2ème lancer-franc de A1 est découverte.

Interprétation :
Le jeu doit être stoppé immédiatement. A1 doit tenter le 2ème lancer-franc sans alignement.
    a) Le jeu doit reprendre par une remise en jeu pour l'équipe B au plus près du lieu où le jeu a été arrêté. L'équipe B doit avoir 18 secondes sur le chronomètre des tirs.
    b) Le panier de B3 doit compter. Le jeu doit reprendre par une remise en jeu par l'équipe A depuis derrière sa ligne de fond comme après tout panier marqué.

44-4   Principe   Substitution de tireur de lancer-franc
Si l'erreur consiste dans le fait qu'un joueur non bénéficiaire tire un ou des lancer(s)-franc(s), le(s) lancer(s)-franc(s) tenté(s) doivent être annulé(s), qu'ils aient été réussis ou non.
- Si le jeu n'a pas encore repris, le ballon doit être remis aux adversaires pour une remise en jeu depuis le prolongement de la ligne de lancer-franc à moins que des sanctions pour des infractions ultérieures ne doivent être administrées.
- Si le jeu a repris, il doit être stoppé pour corriger l'erreur. Après la correction de l'erreur, le jeu doit reprendre au plus près de l'endroit où il a été interrompu pour corriger l'erreur.
- Si les arbitres découvrent, avant que le ballon quitte les mains du tireur de lancer-franc pour le 1er ou unique lancer-franc, que ce n'est pas le joueur approprié qui a l'intention de tirer le ou les lancer(s)-franc(s), le tireur indu doit immédiatement être remplacé par le tireur de lancer-franc correct sans aucune sanction.

44-5   Exemple   Gestion des cas de substitution de tireur
B1 est sanctionné d'une faute sur A1. C'est la sixième faute de l'équipe B dans le quart-temps. 2 lancers-francs sont attribués à A1. C'est A2 qui tire les 2 lancers-francs au lieu de A1. L'erreur est découverte :
(a) avant que le ballon ait quitté les mains de A2 pour le 1er lancer-franc,
(b) après que le ballon a quitté les mains de A2 pour le 1er lancer-franc,
(c) après la réussite du 2ème lancer-franc.

Interprétation :
(a)   L'erreur doit être immédiatement corrigée. A1 doit tirer les 2 lancers-francs, sans aucune sanction contre l'équipe A.
(b) et (c) Les 2 lancers-francs sont annulés. Le jeu doit reprendre par une remise en jeu de l'équipe B depuis le prolongement de la ligne de lancer-franc dans sa zone arrière.

Si la faute de B1 est une faute antisportive, le droit à la possession du ballon en tant qu'élément de la sanction doit être également annulé. Le jeu doit reprendre par une remise en jeu pour l'équipe B depuis le prolongement de la ligne de lancer-franc dans sa zone arrière.

44-6   Exemple   Substitution de tireur suivie d'un panier marqué
B1 est sanctionné d'une faute sur A1 qui est en action de tir. A1 bénéficie de 2 lancers-francs. A la place de A1, c'est A2 qui tente les 2 lancers-francs. Le ballon touche l'anneau à la suite du second lancer-franc et c'est A3 qui prend le rebond, tire et marque 2 points. L'erreur est découverte avant que le ballon soit à la disposition de l'équipe B pour la remise en jeu depuis derrière la ligne de fond.
Interprétation : Les deux lancers-francs tentés par A2 doivent être annulés. Le panier de A3 reste valide. Le jeu doit reprendre par une remise en jeu pour l'équipe B à l'endroit où le jeu a été stoppé pour corriger l'erreur, dans ce cas précis, depuis derrière la ligne de fond de l'équipe B.

44-7   Exemple   Substitution de tireur sur plusieurs séries de lancers-francs
B1 est sanctionné d'une faute sur A1 qui est en action de tir à 2 points. Le tir est manqué. L'entraineur principal B est alors sanctionné d'une faute technique. Au lieu qu'A1 tente les deux lancers-francs résultant de la faute de B1, c'est A2 qui tente l'ensemble des 3 lancers-francs. L'erreur est découverte avant que le ballon ait quitté les mains de A2 lors de son 3ème lancer-franc.
Interprétation :
Le premier lancer-franc tenté par A2 sanctionnant la faute technique du coach principal B a été tiré légalement. S'il a été réussi, le lancer-franc doit compter.
Les 2 lancers-francs suivants tentés par A2 à la place de A1 doivent être annulés, qu'ils aient été réussis ou non. Le jeu doit reprendre par une remise en jeu pour l'équipe B en zone arrière, depuis le prolongement de la ligne de lancer-franc.

44-8   Exemple   Substitution de tireur sur des lancers-francs découverte après le tir de LF
B1 est sanctionné d'une faute sur le dribbleur A1 quand le signal sonore du chronomètre de jeu retentit pour la fin du 3ème quart-temps. C'est la 6ème faute de l'équipe B dans le quart-temps. Les arbitres décident que la faute s'est produite avec 0,3 secondes au chronomètre de jeu. A1 doit tenter 2 lancers-francs. A la place de A1, c'est A2 qui tente les 2 lancers-francs. L'erreur est découverte après que le ballon a quitté les mains de A2 lors de son 1er lancer-franc.
Interprétation :
Les 2 lancers-francs tentés par A2 à la place de A1 doivent être annulés. Le jeu doit reprendre par une remise en jeu pour l'équipe B dans sa zone arrière, depuis le prolongement de la ligne de lancer-franc, avec 0,3 secondes au chronomètre de jeu.

44-9   Exemple   Substitution de tireur sur des lancers-francs en fin de quart-temps découverte pendant l'intervalle
Avec 3 secondes au chronomètre de jeu dans le 3ème quart-temps, B1 est sanctionné d'une faute sur A1 qui est en action de tir. A1 doit bénéficier de 2 lancers-francs. A la place de A1, c'est A2 qui tente les 2 lancers-francs et le quart-temps se termine.
    a) L'erreur est découverte pendant l'intervalle de jeu.
    b) L'erreur est découverte après que le ballon est devenu vivant pour commencer 4ème quart-temps.
Interprétation :
    a) L'erreur est rectifiable. Les 2 lancers-francs tentés par A2 à la place de A1 doivent être annulés. Le quatrième quart-temps doit commencer par une possession alternée depuis le prolongement de la ligne médiane.
    b) L'erreur n'est plus rectifiable. Le jeu doit se poursuivre.

44-10   Principe   Reprise de jeu après lancers-francs oubliés
Après que l'erreur est rectifiée, le jeu doit reprendre au plus près de l'endroit où le jeu a été interrompu pour corriger l'erreur, à moins que la correction implique d'accorder des lancers-francs mérités. Ensuite :

a) S'il n'y a pas eu de changement de possession après que l'erreur a été commise, le jeu doit reprendre comme après tout dernier lancer-franc.

b) S'il n'y a pas eu de changement de possession après que l'erreur a été commise et que la même équipe marque un panier, l'erreur doit être ignorée. Le jeu doit reprendre comme après tout panier marqué du terrain.

44-11 Exemple   Redonner des lancers-francs oubliés avant la première remise en jeu
B1 est sanctionné d'une faute sur A1. C'est la 5ème faute d'équipe de l'équipe B dans le quart-temps. Par erreur, l'équipe A bénéficie d'une remise en jeu au lieu de 2 lancers-francs pour A1. A2 dribble lorsque B2 frappe le ballon hors des limites du terrain. L'entraîneur principal A demande un temps-mort. Pendant le temps-mort, les arbitres reconnaissent l'erreur car A1 aurait dû bénéficier de 2 lancers-francs.
Interprétation :
A1 doit tenter 2 lancers-francs. Le jeu doit reprendre comme après tout dernier lancer-franc.

44-12 Exemple   Redonner des lancers-francs oubliés découverts pendant l'intervalle
Avec 2 secondes à jouer dans le premier quart-temps, B1 est sanctionné d'une faute sur A1. C'est la 5ème faute de l'équipe B dans le quart-temps. L'équipe A bénéficie par erreur d'une remise en jeu au lieu de 2 lancers-francs pour A1. A2 qui effectue la remise en jeu passe le ballon à A3 et le quart-temps se termine. Pendant l'intervalle de jeu, les arbitres reconnaissent l'erreur : A1 aurait dû bénéficier de 2 lancers-francs. La flèche de possession est en faveur de l'équipe A.
Interprétation :
L'erreur est toujours rectifiable. A1 tirera 2 lancer-francs sans alignement avant le début du 2ème quart-temps qui commencera par une remise en jeu de possession alternée par l'équipe A dans le prolongement de la ligne médiane.

44-13 Exemple   Redonner des lancers-francs oubliés avant d'autres lancers-francs à tirer
B1 est sanctionné d'une faute sur A1. C'est la 5ème faute de l'équipe B dans le quart-temps. Par erreur, on accorde à l'équipe A une remise en jeu au lieu de 2 lancers-francs à A1. Après la remise en jeu, B1 est sanctionné d'une faute sur A2 lors d'une tentative de tir ratée de tir à 2 points. A2 bénéficie de 2 lancers-francs. Un temps-mort est accordé à l'équipe A. Pendant le temps-mort, les arbitres découvrent l'erreur rectifiable : A1 aurait dû bénéficier de 2 lancers-francs.
Interprétation :
A1 doit bénéficier de 2 lancers-francs, sans alignement. A2 doit ensuite tenter 2 lancers-francs. Le jeu doit reprendre comme après tout dernier lancer-franc.

44-14 Exemple   Ne pas redonner des lancers-francs oubliés si l'équipe marque un panier
B1 est sanctionné d'une faute sur A1. C'est la 5ème faute de l'équipe B dans le quart-temps. Par erreur, une remise en jeu est accordée à l'équipe A au lieu de 2 lancers-francs à A1. Après la remise en jeu, A2 marque un panier. Avant que le ballon redevienne vivant, les arbitres reconnaissent l'erreur.
Interprétation :
L'erreur est ignorée. Le jeu doit reprendre comme après tout panier marqué.

44-15 Exemple   Tireur de LF en cas de rectification de LF oubliés pour un joueur remplacé si le chronomètre de jeu a tourné
B1 est sanctionné d'une faute sur le dribbleur A1. C'est la 5ème faute de l'équipe B dans le quart-temps. Les arbitres s'aperçoivent que A1 n'a pas un logo correct sur son maillot. A1 reçoit une assistance du manager de son équipe pour recouvrir ce logo et il est donc remplacé par A6. L'équipe A se voit accorder par erreur une remise en jeu au lieu de 2 lancers-francs pour A1. A2 passe le ballon sur le terrain à A3 pour effectuer la remise en jeu quand les arbitres découvrent l'erreur.
Interprétation :
L'erreur est encore rectifiable. Puisque A1 a été remplacé parce qu'il a reçu une assistance d'un membre accompagnant de sa délégation et que le chronomètre de jeu a démarré puis a été stoppé, A1 peut entrer

à nouveau sur le terrain et tenter les 2 lancers-francs. Le jeu doit se poursuivre comme après tout dernier lancer-franc.

44-16 Exemple   Tireur de LF en cas de rectification de LF oubliés pour un joueur remplacé si le chronomètre de jeu n'a pas tourné

B1 est sanctionné d'une faute sur le dribbleur A1. C'est la 5ème faute de l'équipe B dans le quart-temps. Les arbitres découvrent que A1 n'a pas un logo correct sur son maillot. A1 reçoit une assistance du manager de son équipe pour recouvrir ce logo et il est remplacé par A6. Après le remplacement, l'équipe A se voit accorder par erreur une remise en jeu au lieu de 2 lancers-francs pour A1. Pendant la remise en jeu, avant que le ballon touche ou soit touché par un joueur sur le terrain, les arbitres s'aperçoivent de cette erreur et stoppent immédiatement le jeu.

Interprétation :

L'erreur est encore rectifiable. Puisque A1 a été remplacé parce qu'il a reçu une assistance d'un membre accompagnant de la délégation de l'équipe A et que le chronomètre de jeu n'a pas encore démarré, A6 doit tenter les 2 lancers-francs. Le jeu doit se poursuivre comme après tout dernier lancer-franc.

44-17 Principe   Correction du temps de jeu possible à tout moment

Une erreur de chronométrage concernant du temps consommé ou manquant sur le chronomètre de jeu peut être rectifiée par les arbitres à n'importe quel moment avant que le Crew chief ait signé la feuille de marque.

44-18 Exemple   Correction du temps de jeu en fin de match

Avec 7 secondes restant sur le chronomètre de jeu dans le 4ème quart-temps, le score étant de Equipe A :76 – Equipe B : 76, l'équipe A bénéficie d'une remise en jeu en zone avant. Après que le ballon a été touché par un joueur sur le terrain de jeu, le chronomètre de jeu démarre 3 secondes trop tard. Après 4 secondes supplémentaires, A1 marque un panier du terrain. A ce moment, il est porté à l'attention des arbitres que le chronomètre de jeu a démarré 3 secondes trop tard.

Interprétation :

Si les arbitres sont d'accord sur le fait que le panier de A1 a été marqué dans les limites des 7 secondes du temps de jeu restant, le panier de A1 doit compter. De plus, si les arbitres sont d'accord sur le fait que le chronomètre de jeu a démarré 3 secondes trop tard, il n'y a plus de temps restant. Les arbitres décident que la rencontre est terminée.

Annexe B - FEUILLE DE MARQUE – Fautes Disqualifiantes

Tableau des sanctions et des inscriptions des fautes pour cas de bagarre

Motifs		
Pour avoir quitté le banc d'équipe et ne pas avoir tenté d'aider les arbitres		**Pour implication active dans la bagarre**

1. Seul l'entraineur est disqualifié

Coach	D2	F	F
1er assistant coach			
Sanction : 2 LF + possession			

Coach	D2	F	F
1er ass. coach			
Sanction : 2 LF + possession			

2. Seul le 1er assistant coach est disqualifié

Coach	B2		
1er assistant coach	D	F	F
Sanction : 2 LF + possession			

Coach	B2		
1er ass. coach	D2	F	F
Sanction : 4 LF + possession			

3. Le coach et le 1er assistant coach sont disqualifiés

Coach	D2	F	F
1er assistant coach	D	F	F
Sanction : 2 LF + possession			

Coach	D2	F	F
1er ass. coach	D2	F	F
Sanction : 4 LF + possession			

4. Le remplaçant B7 est disqualifié

Joueur B7	P2	P2	D	F	F
Coach	B2				
1er assistant coach					
Sanction : 2 LF + possession					

Joueur B7	P2	P2	D2	F	F
Coach	B2				
1er assistant coach					
Sanction : 4 LF + possession					

5. Le joueur éliminé B11 et les 2 remplaçants B7 et B10 sont tous 3 disqualifiés

Joueur B7	P2	P2	D	F	F	
Joueur B10	P2	T1	P	P	D	F
Joueur B11	P3	P2	P	P	P	D F
Coach	B2					
1er assistant coach						
Sanction : 2 LF + possession						

Joueur B7	P2	P2	D2	F	F	
Joueur B10	P2	T1	P	P	D2	F
Joueur B11	P3	P2	P	P	P	D2 F
Coach	B2					
1er assistant coach						
Sanction : 8 LF + possession						

6. Un membre accompagnant de la délégation est disqualifié

Coach	B2	Ⓑ
1er assistant coach		
Sanction : 2 LF + possession		

Coach	B2	Ⓑ2
1er assistant coach		
Sanction : 4 LF + possession		

7. Deux membres accompagnant de la délégation sont disqualifiés

Coach	B2	Ⓑ	Ⓑ
1er assistant coach			
Sanction : 2 LF + possession			

Coach	B2	Ⓑ2	Ⓑ2
1er assistant coach			
Sanction : 6 LF + possession			

Cas de fautes techniques d'entraineur et de disqualification ⓑ de membres du banc d'équipe non inscrits sur la feuille de marque

Exemple 1

Au premier quart-temps, il y a une situation de bagarre avec disqualification d'un membre accompagnant de la délégation.

Au troisième quart-temps, une faute technique est infligée à l'entraîneur-principal pour son comportement antisportif personnel.

Coach	B2	ⓑ	C1	
1er assistant coach				
Sanction : 1 LF				

Coach non disqualifié (1 faute 'B' + 1 faute 'C' prises en compte)

Exemple 2

Au premier quart-temps, il y a une situation de bagarre avec disqualification d'un membre accompagnant de la délégation.

Au troisième quart-temps, une faute technique est infligée à l'entraîneur-principal pour toute autre raison.

Coach	B2	ⓑ	B1	
1er assistant coach				
Sanction : 1 LF				

Coach non disqualifié (2 faute 'B' prises en compte)

Exemple 3

Au premier quart-temps, il y a une situation de bagarre avec disqualification d'un membre accompagnant de la délégation.

Au troisième quart-temps, deux fautes techniques sont infligées à l'entraîneur-principal pour son comportement antisportif personnel.

Coach	B2	ⓑ	C1	C1 GD
1er assistant coach				
Sanction : 1 LF				

Coach disqualifié pour 2 fautes 'C'

Exemple 4

Au premier quart-temps, il y a une situation de bagarre avec disqualification d'un membre accompagnant de la délégation.

Au troisième quart-temps, deux fautes techniques sont infligées à l'entraîneur-principal pour toute autre raison.

Coach	B2	ⓑ	B1	B1 GD
1er assistant coach				
Sanction : 1 LF				

Coach disqualifié pour 3 fautes 'B'

Annexe F - ARBITRAGE VIDEO

F-1   Définition

F-1.1 Principe   Approbation de l'équipement vidéo

Avant la rencontre, le Crew-chief doit approuver le matériel de Revisionnage Vidéo Instantané (IRS) et informer les entraineurs principaux de sa mise à disposition. Seul le matériel de Revisionnage Vidéo Instantané (IRS) approuvé par le Crew-chief peut être utilisé pour le revisionnage.

F-1-2 Exemple   Proposition d'utilisation de matériel vidéo non approuvé

A1 tente un tir qu'il réussit. Approximativement en même temps, le signal sonore du chronomètre de jeu retentit annonçant la fin d'un quart-temps. Il n'y a pas eu de matériel de Revisionnage Vidéo Instantané (IRS) approuvé mais le manager de l'équipe B affirme qu'ils ont enregistré la rencontre avec la caméra de leur équipe depuis une position élevée et présentent le matériel vidéo aux arbitres pour un visionnage.

Interprétation :

La requête de revisionnage du manager de l'équipe B ne doit pas être acceptée.

F2.   Principes Généraux

F-2.1 Principe   Maintenir les joueurs sur le terrain de jeu

Dans le cas d'un Revisionnage Vidéo Instantané (IRS) à la fin d'un quart-temps ou d'une prolongation, les arbitres doivent maintenir les deux équipes sur le terrain de jeu. L'intervalle entre les quart-temps ou avant la prolongation commencera seulement après que les arbitres auront communiqué la décision finale.

F-2.2 Exemple   Validité du tir à la dernière seconde et procédure vidéo

A1 tente un tir qu'il réussit. Approximativement en même temps, le signal sonore du chronomètre de jeu retentit annonçant la fin d'un quart-temps. Les arbitres ne sont pas certains que le tir a été lâché pendant le temps de jeu et décident d'utiliser le Système de Revisionnage Vidéo Instantané (IRS). Les équipes se déplacent vers leur banc.

Interprétation :

Les arbitres doivent maintenir les deux équipes sur le terrain de jeu. L'intervalle de jeu doit commencer quand les arbitres auront communiqué la décision finale.

F-2.3 Principe   Moment d'utilisation de la vidéo si la valeur d'un panier est incertaine

Le Revisionnage Vidéo Instantané (IRS) doit être réalisé par les arbitres à la première opportunité qui suit la situation à revisionner. Cette opportunité se produit dès que le ballon est mort et le chronomètre de jeu arrêté. Cependant, si les arbitres n'arrêtent pas le jeu après un panier réussi, le revisionnage pourra être réalisé à la première occasion pour les arbitres d'arrêter le jeu sans placer aucune équipe en désavantage.

F-2.4 Exemple   Moment d'utilisation de la vidéo sur un tir d'une valeur incertaine

A1 tente un tir à 3 points qu'il réussit. Le jeu reprend par une remise en jeu rapide de B1 et l'équipe B démarre une contre-attaque. Les arbitres ne sont pas certains que le tir de A1 a été relâché depuis la zone de tir à 3 points et décident d'utiliser le revisionnage IRS.

Interprétation :

La première opportunité d'arrêter le jeu pour le visionnage commence dès que le ballon est mort après le panier marqué. Il se peut que les arbitres n'aient pas suffisamment de temps pendant le jeu pour réagir pour le revisionnage. Dans ce cas, les arbitres doivent arrêter le jeu sans placer l'équipe B en désavantage, dès que la contre-attaque sera terminée ou dès que le jeu aura été arrêté pour la première fois après ce panier.

F-2.5   *Principe*   **Annulation de temps-mort et remplacements possibles après IRS**
Un temps-mort ou un remplacement peut être annulé une fois que le Revisionnage IRS est terminé et que l'arbitre communique la décision finale.

F-2.6   **Exemple**   **Vidéo et annulation de temps-mort**
A1 tente un tir qu'il réussit. L'entraineur principal de l'équipe 'B' demande un temps-mort. Les arbitres ne sont pas certains que le tir de A1 a été relâché depuis la zone de tir à 3 points. Ils décident d'utiliser le Revisionnage Vidéo Instantané (IRS). Pendant le visionnage, l'entraineur principal de l'équipe 'B' veut annuler sa demande de temps-mort.
Interprétation :
La demande de temps-mort de l'entraineur principal 'B' ne doit pas être traitée tant que les arbitres n'ont pas communiqué la décision finale de l'IRS. La demande de temps-mort peut être annulée à tout moment pendant le revisionnage jusqu'après que l'arbitre ait communiqué la décision finale du Revisionnage Vidéo Instantané (IRS) et qu'il soit prêt à administrer le temps-mort.

F-2.7   **Exemple**   **Vidéo et annulation de remplacement**
B1 est sanctionné d'une faute antisportive. Les arbitres ne sont pas certains que la faute de B1 est antisportive. Ils décident d'utiliser le Revisionnage Vidéo Instantané (IRS). B6 demande à remplacer B1. Pendant le visionnage, B6 retourne sur son banc d'équipe.
Interprétation :
La demande de remplacement de B6 ne doit pas être traitée tant que les arbitres n'ont pas communiqué la décision finale de l'IRS. La demande de remplacement de B6 peut être annulée à tout moment pendant le revisionnage jusqu'après que l'arbitre ait communiqué la décision finale du Revisionnage Vidéo Instantané (IRS) et qu'il soit prêt à administrer le remplacement.

F-3.1   A la fin des quart-temps et de chaque prolongation

F-3.1.1   **Exemple**   **Tir au buzzer de fin de quart-temps et vidéo**
A1 tente un tir réussi lorsque le signal sonore du chronomètre de jeu retentit annonçant la fin d'un quart-temps. Les arbitres accordent 2 ou 3 points. Les arbitres ne savent pas si le ballon a quitté les mains de A1 avant l'expiration du temps de jeu.
Interprétation :
Le Revisionnage Vidéo Instantané (IRS) peut être utilisé, à la fin du quart-temps, pour décider si le ballon a été relâché par A1 avant que le signal sonore a retentit pour la fin du quart-temps.
   a) Si le Revisionnage Vidéo Instantané (IRS) montre que le ballon a été relâché avant la fin du temps de jeu du quart-temps, le Crew Chief doit confirmer que le panier de A1 est validé.
   b) Si le Revisionnage Vidéo Instantané (IRS) montre que le ballon a quitté les mains du tireur après la fin du temps de jeu d'un quart-temps, le panier de A1 doit être annulé.

F-3.1.2   **Exemple**   **Faute au buzzer et vidéo**
L'équipe B mène de 2 points. B1 commet une faute sur A1 alors que signal du chronomètre de jeu retentit pour la fin de la première prolongation. C'est la 5ème faute de l'équipe B dans le 4ème quart-temps. Les arbitres ne sont pas certains que la faute de B1 a eu lieu avant la fin de la première prolongation.
Interprétation :
Le Revisionnage Vidéo Instantané (IRS) peut être utilisé pour décider, à la fin de chaque prolongation, si la faute de B1 a eu lieu avant la fin de la première prolongation.

a) Si le Revisionnage Vidéo Instantané (IRS) montre que la faute s'est produite avant la fin de la prolongation, A1 doit tirer 2 lancers-francs. Le jeu doit reprendre comme après tout dernier lancer-franc, avec le temps restant sur le chronomètre de jeu au moment où la faute s'est produite.

b) Si le Revisionnage Vidéo Instantané (IRS) montre que la faute a eu lieu après le début du signal du chronomètre de jeu, la faute de B1 doit être ignorée à moins que la faute réponde aux critères d'une faute antisportive ou d'une faute disqualifiante et qu'il y ait une seconde prolongation à suivre.

F-3.1.3   Exemple   Faute au buzzer d'une prolongation et IRS

B1 commet une faute sur A1 lors d'un tir manqué à 2 points quand le signal du chronomètre de jeu retentit pour la fin de la 2ème prolongation.

Interprétation :

Le Revisionnage Vidéo Instantané (IRS) peut être utilisé, à la fin de la 2ème prolongation, pour décider si la faute de B1 a eu lieu avant que le signal du chronomètre de jeu retentisse pour la fin de la prolongation.

a) Si le Revisionnage Vidéo Instantané (IRS) montre que la faute de B1 a eu lieu avant que le signal du chronomètre de jeu a retenti, A1 doit tenter 2 lancers-francs. Le jeu doit reprendre comme après tout dernier lancer-franc, avec le temps restant sur le chronomètre de jeu au moment où la faute s'est produite.

b) Si le Revisionnage Vidéo Instantané (IRS) montre que la faute de B1 a eu lieu après que le signal du chronomètre de jeu a retenti, la faute de B1 doit être ignorée, à moins que la faute de B1 réponde aux critères d'une faute antisportive ou d'une faute disqualifiante et qu'il y ait une 3ème prolongation à suivre.

F-3.1.4   Exemple   Tir au buzzer, possible pied en touche du tireur et vidéo

A1 tente un tir à 3 points réussi et approximativement en même temps, le signal sonore du chronomètre de jeu retentit pour la fin du quart-temps. Les arbitres ne savent pas si A1 a touché la ligne de touche sur son tir.

Interprétation :

Le Revisionnage Vidéo Instantané (IRS) peut être utilisé pour décider, à la fin du quart-temps, si le ballon a été relâché sur le tir réussi de A1 avant que le signal du chronomètre de jeu a retenti pour la fin du quart-temps. Si c'est le cas, le Revisionnage Vidéo Instantané (IRS) peut être utilisé à nouveau pour décider si une violation de sortie des limites du terrain par le tireur s'est produite.

F-3.1.5   Exemple   Tir au buzzer, violation des 24'' et correction du temps de jeu

A1 tente un tir réussi à 2 points et le signal de fin de quart-temps retentit. Les arbitres ne savent pas s'il y a eu une violation du chronomètre des tirs par l'équipe A.

Interprétation :

Le Revisionnage Vidéo Instantané (IRS) peut être utilisé, à la fin du quart-temps, pour décider si le ballon a été lâché par A1 sur son tir réussi avant que le signal du chronomètre de jeu a retenti pour la fin du quart-temps. Si c'est le cas, le Revisionnage Vidéo Instantané (IRS) peut également être utilisé pour décider si une violation du chronomètre des tirs par l'équipe A a eu lieu.

Si le Revisionnage Vidéo Instantané (IRS) montre que le ballon a été lâché sur le tir 0,4 seconde au chronomètre de jeu avant le signal de fin du quart-temps, et si le Revisionnage Vidéo Instantané (IRS) montre ensuite que le signal du chronomètre des tirs a retenti 0.2 secondes avant que A1 lâche le ballon sur son tir réussi, alors le panier de A1 ne doit pas compter. Le jeu doit reprendre par une remise en jeu par l'équipe B au plus près de l'endroit où la violation du chronomètre des tirs a eu lieu. L'équipe B aura 0,6 secondes au chronomètre de jeu. Le chronomètre des tirs devra être éteint.

F-3.1.6   Exemple   Tir au buzzer, possible violation des 8'' et vidéo

A1 tente un tir réussi à 3 points et le signal de fin du 2ème quart-temps retentit. Les arbitres ne sont pas certains que le tir réussi de A1 a été lâché avant que le signal du chronomètre de jeu a retenti pour la fin du quart-temps et s'il y a eu une violation par l'équipe A de la règle des 8 secondes.

Interprétation :

Le Revisionnage Vidéo Instantané (IRS) peut être utilisé, à la fin du quart-temps, pour décider si le ballon a été relâché sur le tir réussi avant que le signal du chronomètre de jeu a retenti pour la fin du quart-temps. Si c'est le cas, le Revisionnage Vidéo Instantané (IRS) peut ensuite être utilisé pour décider si une violation des 8 secondes par l'équipe A a eu lieu.

c) Si le Revisionnage Vidéo Instantané (IRS) montre que le ballon a été lâché sur le tir avant que le signal du chronomètre de jeu retentisse pour la fin du quart-temps, et si le Revisionnage montre ensuite que l'équipe A a violé la règle des 8 secondes alors que le chronomètre de jeu affichait 3.4 secondes, alors le panier de A1 ne doit pas compter. Le jeu doit reprendre par une remise en jeu par l'équipe B en zone avant au plus près de l'endroit où la violation des 8 secondes a eu lieu. L'équipe B aura 3.4 secondes au chronomètre de jeu. Le chronomètre des tirs devra être éteint.

d) Si le Revisionnage Vidéo Instantané (IRS) montre que l'équipe A n'a pas violé la règle des 8 secondes, alors le panier de A1 doit compter. Le 2ème quart-temps est terminé. La 2ème mi-temps commencera par une remise en jeu de possession alternée dans le prolongement de la ligne médiane.

F-3.1.7   Exemple   Rebond au buzzer, possible pied en touche d'un non-tireur et vidéo

Avec 2,5 secondes au chronomètre de jeu, A1 tente un tir au panier. Le ballon touche l'anneau, B1 prend le rebond et commence un dribble. A ce moment-là, le signal du chronométreur retentit annonçant la fin du temps de la rencontre. Les arbitres ne savent pas si B1 a touché la ligne de touche en revenant au sol à la suite du rebond.

Interprétation :

Le Revisionnage Vidéo Instantané (IRS) ne peut pas être utilisé quand un non-tireur est sorti des limites du terrain.

F-3.2 Quand le chronomètre de jeu indique 2 :00 ou moins à la fin des quart-temps et des prolongations

F-3.2.1   Exemple   Tir au buzzer des 24'' avec 2'00 ou moins à jouer

Avec 1'41'' sur le chronomètre de jeu au 4ème quart-temps, A1 tente un tir réussi lorsque le signal du chronomètre des tirs retentit. Les arbitres ne sont pas certains que le ballon a été lâché lors du tir de A1 avant que le signal du chronomètre des tirs a retenti …

(a) … avant que le ballon soit vivant sur la remise en jeu de l'équipe B faisant suite au panier

(b) … après que le ballon est devenu vivant sur la remise en jeu de l'équipe B quand, après un panier marqué les arbitres arrêtent le jeu pour la première fois quelle qu'en soit la raison.

(c) … après que le ballon est redevenu vivant à la suite de la première fois où le jeu a été arrêté par les arbitres.

Interprétation : Quand le chronomètre de jeu indique 2 '00' ou moins dans le quatrième quart-temps, le Revisionnage Vidéo Instantané (IRS) peut être utilisé, pour décider si le ballon a été lâché par A1 sur son tir réussi avant que le signal du chronomètre des tirs ait retenti.

Les arbitres sont autorisés à arrêter le match immédiatement pour vérifier si, lors d'un tir du terrain réussi, le ballon a été bien relâché avant que le signal du chronomètre des tirs ne retentisse, et ce, dès que le ballon a pénétré dans le panier et que le chronomètre de jeu est arrêté. Le revisionnage peut être réalisé au plus tard jusqu'à ce que le ballon redevienne vivant après que les arbitres ont stoppé le jeu pour la première fois.

- Dans le cas (a), les arbitres doivent arrêter le jeu immédiatement et réaliser le Revisionnage Vidéo Instantané (IRS) avant la reprise du jeu.

- Dans le cas (b), les arbitres doivent réaliser le Revisionnage Vidéo Instantané (IRS) dès que les arbitres arrêtent le jeu pour n'importe quelle raison, après que la situation générant le Revisionnage Vidéo Instantané (IRS) s'est produite.
- Dans le cas (c), la limite de temps autorisée pour réaliser le Revisionnage Vidéo Instantané (IRS) se termine quand le ballon redevient vivant après que les arbitres arrêtent le jeu pour la première fois. Au-delà, le système de Revisionnage Vidéo Instantané (IRS) ne peut plus être utilisé. La décision d'origine reste valide.

  - Dans les cas (a) et (b), si le Revisionnage Vidéo Instantané (IRS) montre que **le ballon était toujours entre les mains de A1** lorsque le signal du chronomètre des tirs a retenti, il s'agit d'une violation du chronomètre des tirs par l'équipe A. Le panier de A1 ne doit pas compter.
    - Dans le cas (a), le jeu doit reprendre par une remise en jeu de l'équipe B depuis le prolongement de la ligne des lancers-francs.
    - Dans le cas (b) le jeu doit reprendre par une remise en jeu pour l'équipe qui avait le contrôle du ballon où qui devait en bénéficier depuis le lieu le plus proche d'où se trouvait le ballon quand le jeu a été arrêté, ou par des lancers-francs si applicables.
  - Dans les cas (a) et (b), si le Revisionnage Vidéo Instantané (IRS) montre que **le ballon avait quitté les mains de A1 sur son tir** lorsque le signal du chronomètre des tirs a retenti, le signal du chronomètre des tirs doit être ignoré. Le panier de A1 doit compter.
    - Dans le cas (a), le jeu doit reprendre par une remise en jeu de l'équipe B depuis derrière sa ligne de fond comme après tout panier marqué.
    - Dans le cas (b) le jeu doit reprendre par une remise en jeu pour l'équipe qui avait le contrôle du ballon où qui devait en bénéficier depuis le lieu le plus proche d'où se trouvait le ballon quand le jeu a été arrêté, ou par des lancers-francs, si applicables.

F-3.2.2   Exemple   Faute loin du ballon sur un tir à 2'00 ou moins à jouer dans le quatrième quart-temps

Avec 1'39'' sur le chronomètre de jeu dans le quatrième quart-temps, A1 est en action de tir au panier quand une faute est commise loin de la situation de tir.
- a) B2 a commis une faute personnelle sur A2. C'est la 3ème faute d'équipe
- b) B2 a commis une faute personnelle sur A2. C'est la 5ème faute d'équipe
- c) A2 a commis une faute personnelle sur B2

Interprétation :

Quand le chronomètre de jeu indique 2 '00' ou moins dans le quatrième quart-temps, le Revisionnage Vidéo Instantané (IRS) peut être utilisé, pour décider si :
- i)   L'action de tir a commencé quand la faute a été sifflée contre un **adversaire** du tireur ; ou si :
- ii)   Le ballon était encore dans les mains du tireur quand une faute a été sifflée contre un **partenaire** du tireur

- Dans le cas a),
  - Si le revisionnage montre que A1 n'était pas en action de tir, le ballon est devenu mort au moment où la faute de B2 s'est produite, et le panier, si réussi, ne doit pas compter.
  - Si le revisionnage montre que A1 était en action de tir, le panier, si réussi, doit compter.
  - Dans les 2 cas, le jeu doit reprendre par une remise en jeu pour l'équipe A depuis le lieu le plus proche du point où la faute a été commise.
- Dans le cas b),
  - Si le revisionnage montre que A1 n'était pas en action de tir, le ballon est devenu mort au moment où la faute de B2 s'est produite, et le panier, si réussi, ne doit pas compter.

- o Si le revisionnage montre que A1 était en action de tir, le panier, si réussi, doit compter.
- o Dans les 2 cas, A2 doit tenter 2 lancers-francs en conséquence de la faute de B2. Le jeu doit se poursuivre comme après tout dernier lancer-franc.
- Dans le cas c),
  - o Si le revisionnage montre que le ballon avait quitté les mains du tireur, le panier, si réussi, doit compter. Le jeu doit reprendre par une remise en jeu pour l'équipe B depuis le point le plus proche du lieu où la faute de A2 a été commise.
  - o Si le Revisionnage montre que le ballon était encore dans les mains du tireur, le ballon devient mort au moment où la faute de A2 se produit. Le panier, si réussi, ne doit pas compter. Le jeu doit reprendre par une remise en jeu pour l'équipe B depuis le prolongement de la ligne des lancer-francs.

F-3.2.3   Exemple   Faute d'attaque loin du ballon sur un tir au buzzer des 24'' avec 2'00 ou moins à jouer

Avec 1'37'' sur le chronomètre de jeu au 4ème quart-temps, le signal du chronomètre des tirs retentit. À peu près au même moment, A1 marque un panier depuis sa zone avant et A2 commet une faute sur B2 loin du ballon n'importe où dans la zone avant de l'équipe A. C'est la 3ème faute de l'équipe A dans le quart-temps. Les arbitres ne savent pas si le ballon était encore dans les mains de A1 lorsque le chronomètre des tirs a sonné et quand la faute de A2 s'est produite.

Interprétation :

Quand le chronomètre de jeu indique 2 '00' ou moins dans le quatrième quart-temps, le Revisionnage Vidéo Instantané (IRS) peut être utilisé, pour décider si le ballon était encore dans les mains du tireur quand le signal du chronomètre des tirs a retenti et quand la faute loin de la situation de tir s'est produite.

- a) Si le revisionnage indique :
  - o que **le ballon avait quitté les mains de A1** sur son tir **avant** que le signal du chronomètre des tirs a retenti,
  - o et que **le ballon avait quitté les mains de A1 avant que** la faute de A2 ait eu lieu, alors :
  - La faute de A2 doit être enregistrée et le panier de A1 doit compter. Il ne s'agit pas d'une violation du chronomètre des tirs par l'équipe A. Le signal du chronomètre des tirs doit être ignoré. Le jeu doit reprendre par une remise en jeu de l'équipe B depuis l'endroit le plus proche du lieu où la faute de A2 s'est produite.
- b) Si le revisionnage indique :
  - o que **la faute de A2 a eu lieu avant que** le ballon quitte les mains de A1,
  - o et que **la faute a eu lieu avant que** le signal du chronomètre des tirs ait retenti, alors :
  - La faute de A2 doit être enregistrée. Le panier de A1 ne doit pas compter. Il ne s'agit pas d'une violation du chronomètre des tirs par l'équipe A. Le signal du chronomètre des tirs doit être ignoré. Le jeu doit reprendre par une remise en jeu de l'équipe B en zone arrière depuis le prolongement de la ligne des lancer-francs.
- c) Si le revisionnage indique que
  - o **Que le signal du chronomètre des tirs a retenti avant que le ballon ne quitte les mains** de A1 sur son tir
  - o et que **le signal du chronomètre des tirs a retenti avant que la faute de A2 ait eu lieu, alors :**
  - Il s'agit d'une violation du chronomètre des tirs par l'équipe A. Le panier de A1 ne doit pas compter. La faute de A2 doit être ignorée, à moins qu'elle soit antisportive ou disqualifiante. Le jeu doit reprendre par une remise en jeu de l'équipe B en zone arrière depuis le prolongement de la ligne des lancer-francs.

F-3.2.4 **Exemple** **Faute défensive loin du ballon pendant un tir au buzzer des 24'' avec 2'00 ou moins à jouer**

Avec 1'34'' sur le chronomètre de jeu au 4ème quart-temps, le signal du chronomètre des tirs retentit. À peu près au même moment, A1 marque un panier depuis sa zone avant et B2 commet une faute sur A2 loin du ballon n'importe où dans la zone avant de l'équipe A. C'est la 3ème faute de l'équipe B dans le quart-temps. Les arbitres ne savent pas si le ballon était toujours dans les mains de A1 lorsque le chronomètre des tirs a sonné et quand la faute de B2 s'est produite.

Interprétation :

Quand le chronomètre de jeu indique 2 '00' ou moins dans le quatrième quart-temps, le Revisionnage Vidéo Instantané (IRS) peut être utilisé, pour décider si le ballon était encore dans les mains du tireur quand le signal du chronomètre des tirs a retenti et quand la faute loin de la situation de tir s'est produite.

- Si le Revisionnage Vidéo Instantané (IRS) indique que la **faute de B2 a eu lieu avant que le signal** du chronomètre des tirs retentisse et que la **faute de B2 a eu lieu alors que A1 était en action de tir**, alors il n'y a pas de violation du chronomètre des tirs par l'équipe A. Le signal du chronomètre des tirs doit être ignoré. La faute de B2 doit être enregistrée et le panier de A1 doit compter. Le jeu doit reprendre par une remise en jeu de l'équipe A en zone avant au plus près du lieu où la faute de B2 a été commise. L'équipe A doit avoir le temps restant au chronomètre de jeu et 14 secondes sur le chronomètre des tirs.
- Si le Revisionnage Vidéo Instantané (IRS) indique que le **ballon était encore dans les mains** de A1 quand le signal du chronomètre des tirs a retenti et le signal du chronomètre des tirs a retenti avant **que la faute de B2** ait eu lieu, alors c'est une violation du chronomètre des tirs par l'équipe A. Le panier de A1 ne doit pas compter. La faute de B2 doit être ignorée. Le jeu doit reprendre par une remise en jeu de l'équipe B depuis sa zone arrière, dans le prolongement de la ligne des lancers-francs. L'équipe B aura le temps restant au chronomètre de jeu et 24 secondes sur le chronomètre des tirs.

F-3.2.5 **Exemple** **Faute sur tir simultanément à une faute défensive loin du ballon avec 2'00 ou moins à jouer dans le quatrième quart-temps**

Avec 1'39'' sur le chronomètre de jeu dans le quatrième quart-temps, B1 commet une faute sur A1 en action de tir. Approximativement en même temps, loin de la situation de tir, B2 commet une faute sur A2. C'est la 3ème faute de l'équipe B dans le quart-temps.

Interprétation :

Quand le chronomètre de jeu indique 2 '00' ou moins dans le quatrième quart-temps, le Revisionnage Vidéo Instantané (IRS) peut être utilisé, pour décider si l'action de tir de A1 a commencé quand la faute de B1 a été sifflée et quand la faute de B2 loin de l'action de tir s'est produite.

- Si le revisionnage montre que la **faute de B1 s'est produite la première** et qu'**A1 n'était pas en action de tir** au moment où la faute de B1 s'est produite, le ballon est devenu mort au moment où la faute de B2 s'est produite, et le panier, si réussi, ne doit pas compter. Le jeu doit reprendre par une remise en jeu pour l'équipe A depuis le lieu le plus proche du point où la faute a été commise. La faute de B2 doit être ignorée, à moins qu'elle ne réponde aux critères d'une faute antisportive ou d'une faute disqualifiante, dans la mesure où elle s'est produite après que le ballon est devenu mort.
- Si le revisionnage montre que la **faute de B1 s'est produite la première** et qu'**A1 était en action de tir** au moment de la faute de B1, le panier de A1, si réussi, doit compter et A1 doit tirer 1 lancer-franc. Si le tir au panier de A1 est manqué, A1 doit tenter 2 ou 3 tirs de lancers-francs. Dans les deux cas, le jeu doit se poursuivre comme après tout dernier lancer-franc. La faute de B2 doit être ignorée, à moins qu'elle ne réponde aux critères d'une faute antisportive ou d'une faute disqualifiante, dans la mesure où elle s'est produite après que le ballon est devenu mort.
- Si le revisionnage montre que la **faute de B2 s'est produite la première**, et qu'**A1 était en action de tir** au moment de la faute de B1, le panier de A1, si réussi, doit compter. Si la faute de B2 est la 3ème faute d'équipe, dans le quart-temps, le jeu doit reprendre par une remise en jeu depuis le point le plus proche du lieu où la faute de B2 a été commise. Si la faute de B2 est la

5ème faute de l'équipe B dans le quart-temps, A2 doit tenter 2 lancers-francs. Le jeu doit se poursuivre comme après tout dernier lancer-franc. La faute de B1 doit être ignorée, à moins que la faute de B1 ne réponde aux critères d'une faute antisportive ou d'une faute disqualifiante, dans la mesure où elle s'est produite après que le ballon est devenu mort.

F-3.2.6   Exemple   Faute technique et antisportive sifflées à peu près en même temps
Avec 7,5 secondes sur le chronomètre de jeu au 4ème quart-temps et avant que A1 relâche le ballon sur la remise en jeu qu'il effectue en zone avant, B1 est sanctionné d'une faute technique. A peu près en même temps, B2 est sanctionné d'une faute antisportive sur A2 par un autre arbitre. Les arbitres ne savent pas dans quel ordre les fautes se sont produites.
Interprétation :
Le Revisionnage Vidéo Instantané (IRS) ne peut pas être utilisé pour décider dans quel ordre des fautes se sont produites. La sanction de faute technique doit être administrée la première. N'importe quel joueur de l'équipe A doit tenter 1 lancer-franc sans alignement. A2 doit tenter 2 lancers-francs. Le jeu doit reprendre par une remise en jeu pour l'équipe A depuis le point de remise en jeu de sa zone avant.

F-3.7   Exemple   Vidéo dans les 2 dernières minutes sur intervention illégale sur le ballon (Goaltending) ou le matériel (interférence)
Quand le chronomètre de jeu indique 2 '00' ou moins dans le quatrième quart-temps ou chaque prolongation, le Revisionnage Vidéo Instantané (IRS) peut être utilisé, pour décider si une intervention illégale sur le ballon (Goaltending) ou sur le matériel (interférence) a été correctement sifflée.
Si le Revisionnage Vidéo Instantané (IRS) montre qu'une intervention illégale sur le ballon (Goaltending) ou sur le matériel (interférence) n'a pas été sifflée à tort, le jeu doit reprendre comme suit après le coup de sifflet :
- Si le ballon est entré légalement dans le panier, le panier doit compter et la nouvelle équipe en attaque doit bénéficier d'une remise en jeu derrière sa ligne de fond.
- Si un joueur de l'une ou l'autre des équipes a pris un contrôle clair et immédiat du ballon, cette équipe doit bénéficier d'une remise en jeu depuis l'endroit du lieu le plus proche où se trouvait le ballon au moment où le coup de sifflet a été donné.
- Si aucune des deux équipes n'a pris un contrôle clair et immédiat du ballon, une situation d'entre-deux se produit.
Le contrôle clair et immédiat du ballon se produit quand, après le coup de sifflet, un joueur prend possession du ballon sur le terrain de jeu.
Le contrôle clair et immédiat du ballon peut être la première action après le coup de sifflet.
Tout contact irrégulier pour prendre le contrôle du ballon ou le fait que le ballon touche ou soit touché par plusieurs joueurs ne constituent pas des contrôles clairs et immédiats.
Quand le ballon sort des limites du terrain sans qu'aucun joueur ni équipe n'ait pris le contrôle du ballon, l'adversaire de l'équipe qui a provoqué la sortie du ballon est considérée comme ayant pris le contrôle clair et immédiat du ballon.

F-3.2.8   Exemple   Procédure vidéo en cas d'intervention illégale incertaine
Avec 1'33'' sur le chronomètre de jeu au 4ème quart-temps, une intervention illégale sur le ballon (Goaltending) est sifflée à B1. Les arbitres ne savent pas si le ballon était déjà dans sa phase descendante vers le panier. Le ballon n'entre pas dans le panier.
Interprétation :
Quand le chronomètre de jeu indique 2'00' ou moins dans le quatrième quart-temps, le Revisionnage Vidéo Instantané (IRS) peut être utilisé pour décider si l'intervention illégale sur le ballon a été sifflée correctement.
- Si le revisionnage montre que le ballon a été touché dans sa phase descendante vers le panier, la violation d'intervention illégale sur le ballon reste valide.
- Si le revisionnage montre que le ballon n'était pas encore dans sa phase descendante vers le panier quand il a été touché, la décision d'intervention illégale doit être annulée.
    Comme le ballon n'est pas entré dans le panier,

- Si une équipe a gagné le contrôle clair et immédiat du ballon, cette équipe doit bénéficier d'une remise en jeu au plus près de l'endroit où était le ballon quand la violation a été sifflée.
- Si aucune équipe n'a gagné le contrôle clair et immédiat du ballon, c'est une situation d'entre-deux.
    - Si l'équipe bénéficiant de la remise en jeu est l'équipe A, le chronomètre des tirs devra afficher le temps qui restait au moment où le coup de sifflet a été donné.
    - Si l'équipe bénéficiant de la remise en jeu est l'équipe B, le chronomètre des tirs devra afficher 24 secondes si la remise en jeu a lieu en zone arrière, 14 secondes si elle a lieu en zone avant.

F-3.2.9   Exemple   Pas de vidéo en cas d'intervention illégale incertaine si le ballon rentre
Avec 1'27'' sur le chronomètre de jeu au 4ème quart-temps, une intervention illégale sur le ballon (Goaltending) est sifflée contre B1. Le ballon entre dans le panier.
Interprétation :
Comme le ballon est entré dans le panier, il n'est pas nécessaire de revisionner la violation d'intervention illégale sur le ballon (Goaltending). Le panier doit compter. Le jeu doit reprendre par une remise en jeu de l'équipe B depuis derrière sa ligne de fond.

F-3.2.10   Exemple   Procédure vidéo en cas d'intervention illégale successives
Avec 1'23'' sur le chronomètre de jeu au 4ème quart-temps, une intervention illégale sur le ballon (Goaltending) est sifflée à B1 ou A1. Après le coup de sifflet, une seconde intervention illégale sur le ballon est sifflée contre :
a) B2
b) A2
Le ballon rentre dans le panier.
Interprétation :
Si le Revisionnage Vidéo Instantané (IRS) montre que la première intervention illégale sur le ballon ne s'est pas produite, et que le revisionnage de la seconde intervention montre que l'intervention illégale s'est bien produite, la sanction pour la 2ème intervention doit être administrée.
a) Si elle a été sifflée contre B2, le panier doit compter. Le jeu doit reprendre par une remise en jeu par l'équipe B derrière sa ligne de fond avec 24 secondes sur le chronomètre des tirs.
b) Si elle a été sifflée contre A2, le panier ne doit pas compter. Le jeu doit reprendre par une remise en jeu par l'équipe B dans le prolongement de la ligne des lancers- francs avec 24 secondes sur le chronomètre des tirs.

F-3.2.11   Exemple   Contrôle clair et immédiat après une intervention illégale erronée, ballon ne touchant pas l'anneau
Avec 1'19'' sur le chronomètre de jeu au 4ème quart-temps, une intervention illégale sur le ballon (Goaltending) est sifflée contre :
a) A1
b) B2
Le ballon ne rentre pas dans le panier **ni ne touche l'anneau**, et l'une des deux équipes prend le contrôle clair et immédiat du ballon.
Interprétation :
Si le Revisionnage Vidéo Instantané (IRS) montre que l'intervention illégale sur le ballon ne s'est pas produite, **dans les deux cas,** l'équipe qui a pris le contrôle clair et immédiat du ballon après le coup de sifflet bénéficiera d'une remise en jeu au plus près de l'endroit où se trouvait le ballon au moment où le coup de sifflet a été donné.
- Si la remise en jeu est accordée à l'équipe A, l'équipe A doit avoir le temps restant sur le chronomètre des tirs
- Si la remise en jeu est accordée à l'équipe B, l'équipe B doit avoir 24 secondes sur le chronomètre des tirs

F-3.2.12 Exemple Contrôle clair et immédiat après une intervention illégale erronée, ballon touche l'anneau

Avec 1'15'' sur le chronomètre de jeu au 4ème quart-temps, une intervention illégale sur le ballon (Goaltending) est sifflée contre :

a) A1
b) B2

Le ballon ne rentre pas dans le panier **mais touche l'anneau**, et l'une des deux équipes prend le contrôle clair et immédiat du ballon.

Interprétation :

Si le Revisionnage Vidéo Instantané (IRS) montre que l'intervention illégale sur le ballon ne s'est pas produite, **dans les deux cas,** l'équipe qui a pris le contrôle clair et immédiat du ballon après le coup de sifflet bénéficiera d'une remise en jeu au plus près de l'endroit où se trouvait le ballon au moment où le coup de sifflet a été donné.

- Si la remise en jeu est accordée à l'équipe A, l'équipe A doit avoir 14 secondes sur le chronomètre des tirs
- Si la remise en jeu est accordée à l'équipe B, l'équipe B doit avoir 24 secondes sur le chronomètre des tirs

F-3.2.13 Exemple Sortie en touche sans toucher l'anneau après une intervention illégale erronée

Avec 1'11'' sur le chronomètre de jeu au 4ème quart-temps, une intervention illégale sur le ballon (Goaltending) est sifflée contre :

a) A1
b) B2

Le ballon ne rentre pas dans le panier et sort directement des limites du terrain sans qu'aucune des deux équipes ne prenne le contrôle clair et immédiatement du ballon.

Interprétation :

Si le Revisionnage Vidéo Instantané (IRS) montre que l'intervention illégale sur le ballon ne s'est pas produite, **dans les deux cas,** l'équipe qui n'a pas provoqué la sortie du ballon des limites du terrain doit bénéficier d'une remise en jeu.

- Si la remise en jeu est accordée à l'équipe A, le temps restant devra être affiché sur le chronomètre des tirs.
- Si la remise en jeu est accordée à l'équipe B, 24 secondes devront être affichées au chronomètre des tirs

F-3.2.14 Exemple Pas de contrôle clair et immédiat après une intervention illégale erronée

Avec 1'07'' sur le chronomètre de jeu au 4ème quart-temps, une intervention illégale sur le ballon (Goaltending) est sifflée contre :

a) A1
b) B2

Le ballon ne rentre pas dans le panier **ni ne touche l'anneau**. Le ballon est touché par A2 puis par B2 et B3 et finalement A4 l'attrape.

Interprétation :

Si le Revisionnage Vidéo Instantané (IRS) montre que l'intervention illégale sur le ballon ne s'est pas produite, c'est une situation d'entre-deux.

- Si la remise en jeu est accordée à l'équipe A, le temps restant devra être affiché au chronomètre des tirs
- Si la remise en jeu est accordée à l'équipe B en zone arrière, 24 secondes devront être affichées au chronomètre des tirs. Si c'est en zone avant, 14 secondes devront être affichées au chronomètre des tirs

F-3.2.15 Exemple Faute maintenue en cas d'intervention illégale erronée

Avec 1'03'' sur le chronomètre de jeu au 4ème quart-temps, une intervention illégale sur le ballon (Goaltending) est sifflée contre :
a) A1
b) B2

Le ballon ne rentre pas dans le panier **ni ne touche l'anneau**. Pendant le rebond, une faute de B2 ou A2 est sifflée avant qu'un contrôle clair et immédiat du ballon soit établi.

Interprétation :
Si le Revisionnage Vidéo Instantané (IRS) montre que l'intervention illégale sur le ballon ne s'est pas produite, **dans les deux cas,** A2 ou B2 doivent être pénalisés.

F-3.2.16   Exemple   Faute après une intervention illégale validée par la vidéo
Avec 1'03'' sur le chronomètre de jeu au 4ème quart-temps, une intervention illégale sur le ballon (Goaltending) est sifflée contre :
a) B1
b) A1

Le ballon ne rentre pas dans le panier ni ne touche l'anneau. Pendant le rebond, une faute de B2 ou A2 est sifflée avant qu'un contrôle clair et immédiat du ballon soit établi.

Interprétation :
Si le Revisionnage Vidéo Instantané (IRS) montre que l'intervention illégale sur le ballon s'est bien produite, la faute de A2 ou B2 doit être ignorée, à moins qu'elle ne réponde aux critères d'une faute antisportive ou d'une faute disqualifiante, du fait qu'elle se soit produite après que le ballon est devenu mort.
a) Le panier doit compter. Le jeu doit reprendre par une remise en jeu pour l'équipe B depuis derrière la ligne de fond comme après chaque panier marqué.
b) Le panier ne doit pas compter. Le jeu doit reprendre par une remise en jeu pour l'équipe B au plus près de l'endroit où a eu lieu la violation de A1, excepté directement derrière le panneau.

F-3.2.17   Exemple   Vidéo et doute sur un Goaltending non sifflé
Avec 38 secondes sur le chronomètre de jeu dans le 4ème quart-temps, A1 tente un tir au panier. Le ballon touche le panneau au-dessus du niveau de l'anneau et B1 touche le ballon. L'arbitre décide que B1 a touché légalement le ballon et en conséquence ne siffle pas de violation de Goaltending.

Interprétation :
Le Revisionnage Vidéo Instantané (IRS) ne peut être utilisé que si les arbitres ont sifflé une violation de Goaltending.

F-3.2.18   Exemple   Vidéo et doute sur un Goaltending non sifflé après une faute sur tir
Avec 36 secondes sur le chronomètre de jeu dans le 4ème quart-temps, B1 commet une faute sur A1 qui est en action de tir. Le ballon touche le panneau au-dessus du niveau de l'anneau et B2 touche le ballon. L'arbitre ne siffle pas de violation de Goaltending. Les arbitres ne savent pas si B2 a touché le ballon illégalement.

Interprétation :
Le Revisionnage Vidéo Instantané (IRS) ne peut être utilisé que si les arbitres ont sifflé une violation de Goaltending.

F-3.2.19   Exemple   Vidéo et doute sur un Goaltending sifflé après une faute sur tir
Avec 28 secondes sur le chronomètre de jeu dans le 4ème quart-temps, B1 commet une faute sur A1 qui est en action de tir à 2 points. B2 touche le ballon sur sa trajectoire vers le panier. L'arbitre siffle une violation de Goaltending. Le ballon ne pénètre pas dans le panier. Les arbitres ne sont pas certains que B2 a touché le ballon illégalement.

Interprétation :
Le Revisionnage Vidéo Instantané (IRS) peut être utilisé, quand le chronomètre de jeu indique 2'00'' ou moins dans la 4ème quart-temps, pour décider si la violation de Goaltending de B2 a été sifflée correctement.

a) Si le Revisionnage Vidéo Instantané (IRS) indique que B2 a touché le ballon dans sa phase descendante, la violation de Goaltending reste valide. 2 points doivent être accordés à A1. A1 doit tenter ensuite 1 lancer-franc et le jeu doit reprendre comme après tout dernier lancer-franc.

b) Si le Revisionnage Vidéo Instantané (IRS) indique que B2 a touché le ballon dans sa phase montante, la décision de Goaltending doit être annulée. A1 doit tenter 2 lancers-francs. Le jeu doit reprendre comme après tout dernier lancer-franc.

F-3.2.20   Exemple   Visionnage vidéo et début de temps-mort

Avec 1'37'' sur le chronomètre de jeu au 4ème quart-temps, le ballon sort des limites du terrain. L'équipe A bénéficie de la remise en jeu. L'équipe A demande un temps-mort. Les arbitres ne sont pas sûrs du joueur qui a causé la sortie du ballon du terrain.

Interprétation : Le Revisionnage Vidéo Instantané (IRS) peut être utilisé, quand le chronomètre de jeu indique à 2'00'' ou moins dans la 4ème quart-temps, pour identifier quel joueur a causé la sortie du ballon des limites du terrain. Le décompte du temps-mort ne doit pas commencer avant que le Revisionnage Vidéo Instantané (IRS) se termine et que l'arbitre communique la décision finale.

F-3.2.21   Exemple   Incertitude sur le joueur ayant sorti le ballon au premier quart-temps

Avec 5'53'' sur le chronomètre de jeu au 1er quart-temps, le ballon roule le long de la ligne de touche et A1 et B1 tentent de prendre le contrôle du ballon. Le ballon sort des limites du terrain. L'équipe A bénéficié de la remise en jeu. Les arbitres ne sont pas sûrs du joueur qui a causé la sortie du ballon des limites du terrain.

Interprétation : Le Revisionnage Vidéo Instantané (IRS) peut être utilisé pour identifier quel joueur a causé la sortie du ballon des limites du terrain uniquement si le chronomètre de jeu indique 2'00'' ou moins dans la 4ème quart-temps.

F-3.2.22   Exemple   Incertitude sur un non-tireur qui aurait pu sortir des limites du terrain

Avec 1'45'' sur le chronomètre de jeu dans la prolongation, A1 proche de la ligne de touche passe le ballon à A2. B1 touche le ballon qui sort des limites du terrain. Les arbitres ne sont pas sûrs que A1 n'était pas déjà sorti du terrain alors qu'il passait le ballon à A2.

Interprétation : Le Revisionnage Vidéo Instantané (IRS) ne peut pas être utilisé pour décider si un joueur non-tireur est sorti du terrain

F3.3   A n'importe quel moment de la rencontre

F-3.3.1   Exemple   Incertitude sur le moment de la faute (avant, pendant ou après le tir)

B1 commet une faute sur A1 qui est en action de tir. Le ballon pénètre dans le panier. Les arbitres ne sont pas certains que :

a) Le tireur A1 avait bien commencé son action de tir au moment où la faute de B1 s'est produite.

b) La faute de B1 a eu lieu avant que les deux pieds de A1 soient revenus au sol.

Interprétation :

Le Revisionnage Vidéo Instantané (IRS) ne peut pas être utilisé, quel que soit le moment de la rencontre, pour décider si une faute a été commise pendant une action de tir.

F-3.3.2   Exemple   Incertitude sur la valeur d'un panier à 2 ou 3 points au moment de la remise en jeu

Avec 3'47'' sur le chronomètre de jeu dans le 2ème quart-temps, A1 tente un tir réussi à 3 points. Les arbitres ne sont pas sûrs que le tir ait été tenté depuis la zone de tir à 2 ou 3 points …

a) Avant que le ballon soit vivant pour la remise en jeu de l'équipe B faisant suite au panier marqué

b) Après que le ballon est devenu vivant pour la remise en jeu de l'équipe B faisant suite au panier marqué, alors que la remise en jeu immédiate n'a pas donné le temps aux arbitres de réagir pour revisionner la situation avec l'IRS

c) Après que le ballon est devenu vivant pour la remise en jeu de l'équipe B faisant suite au panier marqué, et que le jeu a été stoppé pour un temps-mort de l'équipe B

Interprétation :

Le Revisionnage Vidéo Instantané (IRS) peut être utilisé pour décider, à tout moment de la rencontre, si le panier réussi doit compter 2 ou 3 points. Le Revisionnage Vidéo Instantané (IRS) doit être réalisé dès la première opportunité quand le chronomètre de jeu est arrêté et que le ballon est mort. Cependant les arbitres peuvent arrêter le jeu immédiatement. L'arbitre doit :

a) Arrêter le jeu immédiatement et réaliser le Revisionnage Vidéo Instantané (IRS) avant la reprise du jeu.

b) Arrêter le jeu immédiatement et conduire le Revisionnage Vidéo Instantané (IRS) sans placer aucune équipe en position de désavantage. Le Revisionnage Vidéo Instantané (IRS) doit être réalisé dès que les arbitres arrêtent le jeu pour la première fois, quelle qu'en soit la raison et avant que le ballon redevienne vivant. Ceci est également valable dans les 2 dernières minutes du quatrième quart-temps ou de n'importe quelle prolongation.

c) Conduire le Revisionnage Vidéo Instantané (IRS) avant que le temps-mort soit administré. Après que la décision finale a été communiquée, le temps-mort doit commencer, à moins que l'entraîneur principal annule sa demande de temps-mort.

Dans tous les cas, une fois la décision finale communiquée, et dans le cas c) après le temps-mort, le jeu doit reprendre par une remise en jeu de l'équipe B depuis derrière sa ligne de fond comme après tout panier marqué.

F-3.3.3   Exemple   Incertitude sur la valeur d'un panier à 2 ou 3 points après remise en jeu

Avec 3'44'' sur le chronomètre de jeu dans le 2ème quart-temps, A1 tente un tir réussi à 3 points. Les arbitres ne sont pas sûrs que le tir ait été tenté depuis la zone de tir à 2 ou 3 points après que le ballon est devenu vivant pour la remise en jeu de l'équipe B à la suite du panier marqué, et que les arbitres ont stoppé la rencontre pour une faute de A2 sur B2 qui était en action de tir.

Interprétation :

Le Revisionnage Vidéo Instantané (IRS) peut être utilisé pour décider, à tout moment de la rencontre, si le panier réussi doit compter 2 ou 3 points. Le Revisionnage Vidéo Instantané (IRS) doit être réalisé dès la première opportunité quand le chronomètre de jeu est arrêté et que le ballon est mort. Cependant les arbitres peuvent arrêter le jeu immédiatement.

Les arbitres doivent réaliser le Revisionnage Vidéo Instantané (IRS) quand ils arrêtent le jeu pour la faute de A2 dans la mesure où le jeu est stoppé pour la première fois après le panier. Après la communication de la décision finale, le jeu doit reprendre par le(s) lancer(s)-franc(s) de B2.

F-3.3.4   Exemple   Incertitude sur la valeur à 2 ou 3 points d'un panier lors d'une faute après remise en jeu

Avec 3'43'' sur le chronomètre de jeu dans le 2ème quart-temps, A1 tente un tir réussi à 3 points. Les arbitres ne sont pas sûrs que le tir ait été tenté depuis la zone de tir à 2 ou 3 points après que le ballon est devenu vivant pour la remise en jeu de l'équipe B suite au panier marqué, et que les arbitres ont stoppé la rencontre pour une faute de A2 sur B2 qui était en action de tir et que le ballon est vivant pour le premier ou unique tir de lancer-franc de B2.

Interprétation :

La limite de temps pour utiliser le Revisionnage Vidéo Instantané (IRS) est échue, dans la mesure où le ballon est redevenu vivant pour le premier ou unique lancer-franc de B2. La décision initiale reste valide.

F-3.3.5   Exemple   Incertitude sur le nombre de lancers-francs à accorder suite à une faute sur tir

B1 commet une faute sur A1 qui est en action de tir. Le ballon ne pénètre pas dans le panier. A1 bénéficie de 3 lancers-francs. Les arbitres ne sont pas certains qu'A1 a lâché le ballon sur le tir depuis la zone de tir à 3 points.

Interprétation :

Le Revisionnage Vidéo Instantané (IRS) peut être utilisé, à tout moment de la rencontre, pour décider si un joueur victime d'une faute alors qu'il tente un tir doit bénéficier de 2 ou 3 lancers-francs. Le Revisionnage Vidéo Instantané (IRS) doit être réalisé avant que le ballon devienne vivant pour le premier ou unique tir de lancer-franc.

F-3.3.6   Exemple   Doute sur le moment d'une faute antisportive sur remise en jeu

Avec 40 secondes sur le chronomètre de jeu dans le 4ème quart-temps, A1 a le ballon dans les mains ou l'a à sa disposition pour effectuer la remise en jeu quand une faute antisportive est sifflée contre B2 sur le terrain. Les arbitres ne sont pas sûrs que la faute ne réponde aux critères d'une faute antisportive.

Interprétation :

Le Revisionnage Vidéo Instantané (IRS) peut être utilisé à tout moment de la rencontre pour décider si la faute antisportive de B2 doit être revue à la baisse en faute personnelle.

- Si le Revisionnage Vidéo Instantané (IRS) montre que la faute s'est produite avant que le ballon soit lâché par A1 sur la remise en jeu, la faute de B2 doit rester antisportive.
- Si le Revisionnage Vidéo Instantané (IRS) assure que la faute (action de basketball) s'est produite après que le ballon a été lâché et que le ballon était dans les mains de A2, la faute de B2 doit être reclassée à la baisse en faute personnelle.

F-3.3.7   Exemple   Doute sur faute antisportive qui peut être technique ou disqualifiante (coude)

B1 est sanctionné d'une faute antisportive pour avoir frappé A1 d'un coup de coude. Les arbitres ne sont pas sûrs que B1 a frappé A1 avec le coude.

Interprétation :

Le Revisionnage Vidéo Instantané (IRS) peut être utilisé à tout moment pour décider si une faute personnelle, antisportive ou disqualifiante doit être considérée comme une faute technique.

Si le Revisionnage Vidéo Instantané (IRS) permet d'assurer qu'il n'y a eu aucun contact de B1 sur A1 avec le coude, la faute de B1 doit être changée en faute technique.

F-3.3.8   Exemple   Doute sur faute personnelle qui peut être antisportive ou non justifiée (coude)

B1 est sanctionné d'une faute personnelle. Les arbitres se demandent si la faute n'était pas antisportive et même s'il y a réellement eu une faute.

Interprétation :

Le Revisionnage Vidéo Instantané (IRS) peut être utilisé à tout moment pour décider si une faute personnelle doit être reclassée à la hausse en faute antisportive. Cependant, si le Revisionnage Vidéo Instantané (IRS) montre qu'il n'y a eu aucun contact, la faute ne peut pas être annulée.

F-3.3.9   Exemple   Après revisionnage vidéo instantané, une faute défensive s'avère offensive

A1 dribble vers le panier sur une contre-attaque avec aucun défenseur entre lui et le panier de l'adversaire. B1 utilise son bras en tentant d'atteindre le ballon et entre en contact avec A1 par le côté. B1 est sanctionné d'une faute antisportive. Les arbitres ne sont pas sûrs que la faute de B1 a été sifflée à raison comme faute antisportive.

Interprétation : Le Revisionnage Vidéo Instantané (IRS) peut être utilisé à tout moment pour décider si une faute personnelle doit être reclassée à la hausse en faute antisportive.

Cependant, si le Revisionnage Vidéo Instantané (IRS) montre que A1 était responsable du contact en chargeant B1, la faute défensive de B1 ne peut pas être annulée ni transformée en faute offensive de A1.

F-3.3.10   Exemple   Après doute sur antisportive, la vidéo montre que c'est une faute offensive

B1 est sanctionné d'une faute sur le dribbleur A1. Les arbitres ne savent pas si cette faute ne doit pas être reclassée à la hausse en faute antisportive.

Interprétation : Le Revisionnage Vidéo Instantané (IRS) peut être utilisé à tout moment pour décider si une faute personnelle doit être reclassée à la hausse en faute antisportive.

Cependant, le Revisionnage Vidéo Instantané (IRS) montre que A1 est responsable du contact et qu'il a chargé B1. La faute défensive de B1 ne peut pas être annulée ni transformée en une faute offensive de A1.

F-3.3.11   Exemple   Après doute sur une antisportive commise après un marcher

Le dribbleur A1 commet une violation de marcher et B1 est sanctionné ensuite d'une faute antisportive sur A1. Les arbitres ne savent pas si la faute de B1 a été sifflée à raison comme faute antisportive.

Interprétation : Le Revisionnage Vidéo Instantané (IRS) peut être utilisé à tout moment pour décider si une faute personnelle doit être reclassée à la baisse en faute personnelle ou à la hausse en faute disqualifiante.

   a) Si le Revisionnage Vidéo Instantané (IRS) montre que la faute de B1 était bien antisportive, la faute doit rester antisportive.

   b) Si le Revisionnage Vidéo Instantané (IRS) montre que la faute de B1 était une faute personnelle, elle doit être ignorée, car elle a eu lieu après une violation de marcher.

F-3.3.12   Exemple   Après doute sur une antisportive qui suit une première faute

B1 commet une faute sur A1 qui est en action de tir. La faute de B1 est suivie d'une faute antisportive de B2 sur A1 qui est encore dans son action de tir. Le ballon ne pénètre pas dans le panier. Les arbitres ne sont pas sûrs que la faute de B2 soit antisportive.

Interprétation : Le Revisionnage Vidéo Instantané (IRS) peut être utilisé à tout moment pour décider si une faute personnelle doit être reclassée à la baisse en faute personnelle ou à la hausse en faute disqualifiante.

   a) Si le Revisionnage Vidéo Instantané (IRS) montre que la faute de B2 était bien antisportive, la faute doit rester antisportive. A1 doit tirer 2 lancers-francs sans alignement pour la faute de B1, puis 2 autres lancers-francs sans alignement pour la faute antisportive de B2. Le jeu doit reprendre par une remise en jeu pour l'équipe A depuis le point de remise en jeu de sa zone avant. L'équipe A doit avoir 14 secondes sur le chronomètre des tirs.

   b) Si le Revisionnage Vidéo Instantané (IRS) montre que la faute de B2 était une faute personnelle, elle doit être ignorée, car elle a eu lieu après la première faute. A1 doit tirer 2 lancers-francs pour la faute de B1, puis le jeu doit reprendre comme après tout dernier lancer-franc.

F-3.3.13   Exemple   Faute technique d'un joueur pendant le visionnage d'une faute qui devient sa 2ème faute antisportive

Dans le 3ème quart-temps, B1 est sanctionné d'une faute antisportive sur A2. Dans le 4ème quart-temps, B1 est sanctionné d'une faute sur le tir réussi de A1. Les arbitres ne savent pas si la faute de B1 doit être reclassée à la hausse en faute antisportive. Pendant le Revisionnage Vidéo Instantané (IRS), B1 est sanctionné d'une faute technique.

Interprétation :

• Si le Revisionnage Vidéo Instantané (IRS) montre que la faute de B1 sur A1 était antisportive, B1 doit être disqualifié automatiquement pour avoir commis une 2ème faute antisportive. Sa faute technique doit être ignorée et ne peut être enregistrée ni à B1 ni à l'entraineur principal de l'équipe B. A1 doit tenter 1 lancer-franc sans alignement pour la faute antisportive de B1. Le jeu doit reprendre par une remise en jeu pour l'équipe A depuis le point de remise en jeu de sa zone avant. L'équipe A doit avoir 14 secondes sur le chronomètre des tirs.

• Si le Revisionnage Vidéo montre que la faute de B1 sur A1 était une faute personnelle, le panier de A1 doit compter. B1 doit être disqualifié puisque B1 a été sanctionné d'une faute technique et d'une faute antisportive. N'importe quel joueur de l'équipe A doit tenter un lancer-franc sans alignement. A1 doit alors tenter un lancer franc. Le jeu reprendra comme après n'importe quel dernier lancer franc.

F-3.3.14 **Exemple** **En cas de disparition d'affichage aux chronomètres de jeu et des tirs**
Il reste 42,2 secondes sur le chronomètre de jeu dans le 2ème quart-temps, l'équipe A dribble vers sa zone avant. A ce moment, l'arbitre s'aperçoit que le chronomètre de jeu et le chronomètre des tirs sont arrêtés sans aucun affichage.
Interprétation : Le jeu doit être arrêté immédiatement. Le Revisionnage Vidéo Instantané (IRS) peut être utilisé à tout moment de la rencontre pour décider quel temps doit être affiché sur chacun des chronomètres. Après le revisionnage vidéo instantané, le jeu reprendra par une remise en jeu pour l'équipe A au plus près de l'endroit où se trouvait le ballon au moment où le jeu a été arrêté. L'équipe A doit avoir le temps restant sur le chronomètre des tirs et le chronomètre de jeu.

F-3.3.15 **Exemple** **Vidéo et doute sur le bon tireur de lancer-franc en cours de rencontre**
A2 tente son second lancer-franc. Le ballon pénètre dans le panier. A ce moment-là, les arbitres ne sont plus certains que A2 soit le bon tireur de lancer-franc.
Interprétation : Le Revisionnage Vidéo Instantané (IRS) peut être utilisé à tout moment de la rencontre pour identifier le bon tireur de lancer-franc avant que le ballon devienne vivant à la suite du premier ballon mort qui a suivi le démarrage du chronomètre de jeu à la suite de l'erreur.
Si le Revisionnage Vidéo Instantané (IRS) montre un mauvais tireur de lancer-franc, une erreur rectifiable pour avoir permis à un mauvais joueur de tenter un lancer-franc a eu lieu. Les lancers-francs tentés par A2, qu'ils aient été réussis ou manqués, doivent être annulés. Le jeu doit reprendre par une remise en jeu par l'équipe B depuis le prolongement de la ligne de lancer-franc dans sa zone arrière. L'équipe B doit avoir 24 secondes au chronomètre des tirs.

F-3.3.16 **Exemple** **Vidéo pour décider des acteurs impliqués dans une bagarre et des sanctions**
A1 et B1 commencent à échanger des coups de poing, suivis par d'autres joueurs et personnes autorisées à s'assoir sur les bancs d'équipe, qui entrent sur le terrain de jeu, tous s'impliquant dans la bagarre. Après quelques minutes, les arbitres restaurent l'ordre sur le terrain de jeu.
Interprétation : Une fois l'ordre rétabli, les arbitres peuvent utiliser le Revisionnage Vidéo Instantané (IRS) pour identifier à tout moment de la rencontre l'implication des autres joueurs et des autres personnes autorisées à s'assoir sur les bancs d'équipe dans tout acte de violence. Après avoir rassemblé les preuves claires et concluantes sur la bagarre, le Crew chief doit communiquer sa décision finale à la table de marque et aux deux entraineurs principaux.

F-3.3.17 **Exemple** **Vidéo pour décider des acteurs impliqués dans une bagarre et des sanctions**
Deux adversaires commencent à s'agresser verbalement et à se repousser l'un l'autre. Les arbitres interrompent le jeu. Une fois l'ordre rétabli sur le terrain de jeu, les arbitres ne savent plus quels joueurs ni autres personnes étaient impliqués.
Interprétation : Une fois l'ordre rétabli, les arbitres peuvent utiliser le Revisionnage Vidéo Instantané (IRS) pour identifier à tout moment de la rencontre l'implication des joueurs et personnes autorisées à s'assoir sur le banc d'équipe dans tout acte de violence. Après avoir rassemblé les preuves claires et concluantes sur la bagarre, le Crew chief doit rapporter sa décision finale à la table de marque et la communiquer aux deux entraineurs principaux.

F-3.3.18 **Exemple** **Procédure vidéo en cas de faute suivie de bagarre**
Les arbitres sifflent une faute contre B1. Avant de communiquer la faute à la table de marque les arbitres ne sont pas certains qu'après la faute sifflée, un acte de violence ne se soit pas produit sur le terrain de jeu.
Interprétation : Le Revisionnage Vidéo Instantané peut être utilisé pour identifier, à n'importe quel moment de la rencontre, l'implication des joueurs dans tout acte de violence. Les arbitres peuvent utiliser le Revisionnage Vidéo Instantané avant de communiquer la faute à la table de marque.

Si le Revisionnage Vidéo Instantané montre que les actes de violence ont eu lieu, les arbitres communiquent la faute de B1 puis les actes de violence et le jeu doit reprendre par l'application des sanctions.

F-3.3.19   Exemple   Procédure Vidéo en cas d'acte de violence
Dans les situations dans lesquelles un acte de violence se produit et que celui-ci n'est pas sifflé immédiatement, les arbitres sont autorisés à tout moment d'arrêter le jeu pour revisionner tout acte de violence ou tout acte de violence potentielle. Les arbitres doivent identifier le besoin de revisionner la situation avec l'IRS et le revisionnage doit être réalisé au moment où les arbitres arrêtent le jeu pour la première fois.
- Si le Revisionnage Vidéo Instantané (IRS) montre qu'un acte de violence a eu lieu, les arbitres doivent siffler l'infraction et doivent pénaliser toutes les infractions sifflées dans l'ordre où elles ont été commises, incluant celle de l'acte de violence. Tout ce qui s'est passé pendant l'intervalle entre les actes de violence et le moment où le jeu a été arrêté doit rester valide.
- Si le revisionnage montre qu'il n'y a pas eu d'acte de violence, la décision initiale reste valide et le jeu doit reprendre depuis l'endroit le plus proche d'où il a été arrêté pour le revisionnage.
Un **acte de violence** consiste en une action utilisant la force qui cause une blessure ou qui montre une intention de blesser, ou en une action suite à laquelle résulte ou pourrait résulter un risque de blessure. Une action qui ne remplit pas les conditions d'une faute disqualifiante, d'une faute antisportive, d'une faute technique ou ne remplit pas les critères de menace de violence, ne constitue pas un acte de violence.

F-3.3.20   Exemple   Arrêt du jeu possible pour revisionner et procédure de réparation d'un acte de violence initialement non sifflé
A1 dribble quand A2 frappe B2 avec le coude. Les arbitres ne sifflent pas de faute pour le contact de A2 et :
- a) A1 continue à dribbler
- b) L'équipe B provoque une sortie du ballon des limites du terrain

Interprétation : le Revisionnage Vidéo Instantané (IRS) peut être utilisé pour identifier à tout moment de la rencontre l'implication de membres d'équipe dans tout acte de violence. Les arbitres sont autorisés à arrêter le jeu immédiatement sans placer aucune des deux équipes en situation de désavantage ou peuvent profiter de l'interruption du jeu pour procéder au revisionnage vidéo.

Si le Revisionnage Vidéo Instantané (IRS) montre que A2 a frappé B2 avec le coude, les arbitres peuvent sanctionner A2 d'une faute antisportive pour son acte de violence. B2 doit tenter 2 lancer-francs sans alignement et …
- a) Le jeu doit reprendre par une remise en jeu de l'équipe B au point de remise en jeu dans sa zone avant. L'équipe B doit avoir 14 secondes sur le chronomètre des tirs.
- b) Le jeu doit reprendre par une remise en jeu de l'équipe A au point le plus proche d'où le ballon est sorti du terrain. L'équipe A doit avoir le temps restant sur le chronomètre des tirs.

F-3.3.21   Exemple   Arrêt du jeu après le panier marqué avec faute pour revisionner et sanctionner un acte de violence initialement non sifflé de la part du tireur
B1 commet une faute sur A1 qui est en action de tir. A1 frappe B1 avec le coude...
- a) … avant que le ballon soit lâché sur le tir
- b) … après que le ballon a été lâché sur le tir
Les arbitres n'ont pas sifflé de faute contre A1. Le ballon rentre dans le panier.

Interprétation : dans les 2 cas le Revisionnage Vidéo Instantané (IRS) peut être utilisé pour identifier à tout moment de la rencontre l'implication de membres d'équipe dans tout acte de violence. Les arbitres doivent arrêter le jeu une fois le ballon entré dans le panier.

Si l'IRS montre que A1 a frappé B1 avec le coude avant la faute de B1, les arbitres peuvent sanctionner A1 d'une faute antisportive pour son acte de violence. Les sanctions doivent être administrées dans l'ordre dans lequel les fautes se sont produites :

a) Le panier de A1 ne doit pas compter. B1 doit tenter 2 lancer-francs sans alignement pour la faute antisportive de A1. Le jeu doit reprendre par une remise en jeu de l'équipe B au point de remise en jeu dans sa zone avant. L'équipe B doit avoir 14 secondes sur le chronomètre des tirs.

b) Le panier de A1 doit compter. B1 doit tenter 2 lancers-francs sans alignement pour la faute antisportive oubliée de A1. Puis A1 doit tenter 1 lancer-francs sans alignement pour la faute sur tir de B1. Le jeu doit se poursuivre comme après n'importe quel lancer franc. La sanction de la faute sur tir de B1 annule le droit à la possession initiale faisant partie de la sanction de la faute antisportive de A1.

F-3.3.22   Exemple   Revisionnage vidéo pour sanctionner un acte de violence initialement non sifflé avant une 3ème faute d'équipe sifflé ensuite

A1 dribble quand A2 frappe B2 avec le coude. Les arbitres ne sifflent pas de faute pour le contact de A2. 5 secondes plus tard, B3 commet une faute sur le dribbleur A3. C'est la 3ème faute d'équipe de l'équipe B dans le quart-temps.

Interprétation : le Revisionnage Vidéo Immédiat) (IRS) peut être utilisé pour identifier à tout moment de la rencontre l'implication de membres d'équipe dans tout acte de violence.

Si l'IRS montre que A2 a frappé B2 avec le coude, les arbitres peuvent sanctionner A2 d'une faute antisportive. Les sanctions doivent être administrées dans l'ordre dans lequel les fautes se sont produites. B2 doit tenter 2 lancers-francs sans alignement. Le jeu doit reprendre par une remise en jeu de l'équipe A au plus proche du lieu où le jeu a été stoppé pour la faute de B3.

- Si c'est en zone arrière, avec 24 secondes sur le chronomètre des tirs
- Si c'est en zone avant :
  o Avec le temps restant sur le chronomètre des tirs si 14 secondes ou davantage étaient affichées sur le chronomètre des tirs
  o Avec 14 secondes si 13 secondes ou moins étaient affichées sur le chronomètre des tirs

La sanction pour la faute de B3 annule le droit préalable à la possession du ballon pour l'équipe B qui faisait partie de la sanction de la faute antisportive de A2.

F-3.3.23   Exemple   Revisionnage vidéo pour sanctionner un acte de violence initialement non sifflé avant une 5ème faute d'équipe sifflé ensuite

A1 dribble quand A2 frappe B2 avec le coude. Les arbitres ne sifflent pas de faute pour le contact de A2. 5 secondes plus tard, B3 commet une faute sur le dribbleur A3. C'est la 5ème faute d'équipe de l'équipe B.

Interprétation : le Revisionnage Vidéo Instantané (IRS) peut être utilisé pour identifier à tout moment de la rencontre l'implication de membres d'équipe dans tout acte de violence.

Si l'IRS montre que A2 a frappé B2 avec le coude, les arbitres peuvent sanctionner A2 d'une faute antisportive pour son acte de violence. Les sanctions doivent être administrées dans l'ordre dans lequel les fautes se sont produites.

B2 doit tenter 2 lancers-francs sans alignement. Puis A3 doit tenter 2 lancers-francs pour la faute de B3. Le jeu doit se poursuivre comme après n'importe quel lancer franc. La sanction de la faute sur B3 annule le droit à la possession initiale faisant partie de la sanction de la faute antisportive de A2.

La sanction pour la faute de B3 annule le droit préalable à la possession du ballon pour l'équipe B qui faisait partie de la sanction de la faute antisportive de A2.

F-3.3.24   Exemple   Revisionnage vidéo pour sanctionner un acte de violence initialement non sifflé avant une faute offensive sifflée

A1 dribble quand A2 frappe B2 avec le coude. Les arbitres ne sifflent pas de faute pour le contact de A2. 5 secondes plus tard, les arbitres sanctionnent d'une faute le dribbleur A1.

Interprétation : le Revisionnage Vidéo Instantané (IRS) peut être utilisé pour identifier à tout moment de la rencontre l'implication de membres d'équipe dans tout acte de violence.

Si l'IRS montre que A2 a frappé B2 avec le coude, les arbitres peuvent sanctionner A2 d'une faute antisportive. Les sanctions doivent être administrées dans l'ordre dans lequel les fautes se sont produites.

B2 doit tenter 2 lancers-francs sans alignement. Le jeu doit reprendre par une remise en jeu de l'équipe A au plus proche du lieu où le jeu a été stoppé pour la faute de A1.

- Si c'est en zone arrière, avec 24 secondes sur le chronomètre des tirs
- Si c'est en zone avant, avec 14 secondes sur le chronomètre des tirs

La sanction pour la faute de A1 annule le droit préalable à la possession du ballon pour l'équipe B qui faisait partie de la sanction de la faute antisportive de A2.

F-3.3.25   Exemple   Revisionnage vidéo pour sanctionner un acte de violence initialement non sifflé avant que soit sifflée une faute antisportive sur un tir à 2 points manqué

B1 est sanctionné d'une faute antisportive sur A1 qui est en action de tir à **2 points**. Le ballon ne pénètre pas dans le panier. 4 secondes avant la faute antisportive de B1, A1 avait frappé B1 avec le coude. Les arbitres n'ont pas sifflé de faute pour le contact de A1.

Interprétation : le Revisionnage Vidéo Instantané (IRS) peut être utilisé pour identifier à tout moment de la rencontre l'implication de membres de l'équipe dans tout acte de violence.

Si l'IRS montre que A1 a frappé B1 avec le coude avant la faute antisportive de B1, les arbitres peuvent sanctionner A1 d'une faute antisportive. Les 2 fautes antisportives sont considérées comme s'étant produites pendant la même période d'arrêt du chronomètre de jeu. Les sanctions identiques doivent donc être annulées. Le jeu doit reprendre par une remise en jeu de l'équipe A au plus proche du lieu où la faute de A1 s'est produite. L'équipe A doit avoir le temps restant sur le chronomètre des tirs.

F-3.3.26   Exemple   Revisionnage vidéo pour sanctionner un acte de violence initialement non sifflé avant que soit sifflée une faute antisportive sur un tir à 3 points manqué

B1 est sanctionné d'une faute antisportive sur A1 qui est en action de tir à **3 points**. Le ballon ne pénètre pas dans le panier. 4 secondes avant la faute antisportive de B1, A1 avait frappé B1 avec le coude. Les arbitres n'ont pas sifflé de faute pour le contact de A1.

Interprétation : le Revisionnage Vidéo Instantané (IRS) peut être utilisé pour identifier à tout moment de la rencontre l'implication de membres de l'équipe dans tout acte de violence.

Si l'IRS montre que A1 a frappé B1 avec le coude, les arbitres peuvent sanctionner B1 d'une faute antisportive. Les sanctions doivent être administrées dans l'ordre dans lequel les fautes se sont produites.

B2 doit tenter 2 lancers-francs sans alignement. Puis A3 doit tenter 3 lancers-francs pour la faute antisportive de B3.

Le jeu doit reprendre par une remise en jeu de l'équipe A au point de remise en jeu en zone avant avec 14 secondes au chronomètre des tirs.

La sanction pour la faute antisportive de B1 annule le droit préalable à la possession du ballon pour l'équipe B qui faisait partie de la sanction de la faute antisportive de A2.

F-3.3.27   Exemple   Revisionnage vidéo pour sanctionner un acte de violence initialement non sifflé avant que soit sifflée une faute antisportive sur un tir à 2 points réussi

B1 est sanctionné d'une faute antisportive sur A1 qui est en action de tir à **2 points**. Le ballon pénètre dans le panier. 4 secondes avant la faute antisportive de B1, A1 avait frappé B1 avec le coude. Les arbitres n'ont pas sifflé de faute pour le contact de A1.

Interprétation : le Revisionnage Vidéo Instantané (IRS) peut être utilisé pour identifier à tout moment de la rencontre l'implication de membres de l'équipe dans tout acte de violence.

Si l'IRS montre que A1 a frappé B1 avec le coude avant la faute antisportive de B1, les arbitres peuvent sanctionner A1 d'une faute antisportive. Le panier de A1 doit compter. Les 2 fautes antisportives sont considérées comme s'étant produites pendant la même période d'arrêt du chronomètre de jeu. Les sanctions identiques de fautes antisportives doivent s'annuler l'une l'autre. Le jeu doit reprendre par une remise en jeu de l'équipe B depuis derrière sa ligne de fond comme après tout panier marqué.

F-3.3.28   Exemple   Revisionnage vidéo pour sanctionner un acte de violence initialement non sifflé avant que soit sifflée une faute antisportive sur un tir à 3 points réussi
B1 est sanctionné d'une faute antisportive sur A1 qui est en action de tir à **3 points**. Le ballon pénètre dans le panier. 4 secondes avant la faute antisportive de B1, A1 avait frappé B1 avec le coude. Les arbitres n'ont pas sifflé de faute pour le contact de A1.

Interprétation : le Revisionnage Vidéo Instantané (IRS) peut être utilisé pour identifier à tout moment de la rencontre l'implication de membres de l'équipe dans tout acte de violence.

Si l'IRS montre que A1 a frappé B1 avec le coude avant la faute antisportive de B1, les arbitres peuvent sanctionner A1 d'une faute antisportive. Le panier de A1 doit compter. Les 2 fautes antisportives sont considérées comme s'étant produites pendant la même période d'arrêt du chronomètre de jeu. Les sanctions identiques de fautes antisportives doivent s'annuler l'une l'autre. Le jeu doit reprendre par une remise en jeu de l'équipe B depuis derrière sa ligne de fond comme après tout panier marqué.

F-3.3.29   Exemple   Revisionnage vidéo pour sanctionner un acte de violence initialement non sifflé avant une faute technique sifflée
A1 dribble quand A2 frappe B2 avec le coude. 5 secondes plus tard, les arbitres sanctionnent d'une faute technique A1 ou B1.

Interprétation : le Revisionnage Vidéo Instantané (IRS) peut être utilisé pour identifier à tout moment de la rencontre l'implication de membres d'équipe dans tout acte de violence.

Si l'IRS montre que A2 a frappé B2 avec le coude, les arbitres peuvent sanctionner A2 d'une faute antisportive pour son acte de violence. La sanction de faute technique doit être administrées en premier. N'importe quel joueur de l'équipe A ou de l'équipe B doit tenter 1 lancer-franc sans alignement. B2 doit ensuite tenter 2 lancers-francs sans alignement. Le jeu doit reprendre par une remise en jeu de l'équipe B depuis la ligne de remise en jeu de sa zone avant. L'équipe B doit avoir 14 secondes sur le chronomètre des tirs.

F-4   Challenge Vidéo d'Entraîneur Principal (Head Coach Challenge – "HCC")

F-4.1   Exemple   Condition d'obtention du « Challenge Vidéo d'Entraineur Principal » (HCC)
L'entraîneur principal qui réclame un « Challenge d'entraîneur principal » (Head Coach Challenge = « HCC »), doit établir un contact visuel avec l'arbitre le plus proche. L'entraîneur principal doit annoncer à voix haute « Challenge » (en anglais) et doit montrer le geste officiel du « HCC » en dessinant un rectangle avec ses mains. Un entraîneur principal peut réclamer un « Challenge » (HCC) uniquement dans les situations de jeu mentionnées à l'annexe F-3 du règlement officiel du basket-ball. Un « Challenge » (HCC) peut être demandé à n'importe quel moment de la rencontre pour toute situation revisionnable par l'IRS, y compris quand le chronomètre de jeu montre 2'00''ou moins dans le 4ème quart-temps ou dans une prolongation.

F-4.2 Exemple **Faire le geste de l'IRS au lieu du geste du Challenge**

L'entraîneur principal de l'équipe B réclame un Challenge Vidéo d'Entraîneur Principal (HCC). L'entraîneur principal établit un contact visuel avec l'arbitre le plus proche et dit à voix haute en anglais « Challenge », mais il montre le geste du Revisionnage Vidéo Instantané (IRS) en faisant une rotation de la main avec l'index tendu.

Interprétation :

Le « challenge » (HCC) de l'entraineur principal de l'équipe B ne doit pas être accordé dans la mesure où l'entraîneur principal n'a pas montré le geste officiel du HCC qui consiste à dessiner un rectangle avec ses mains.

F-4.3 Exemple **Pas de HCC sur un Goaltending ou une intervention non sifflée.**

Avec 22 secondes sur le chronomètre de jeu dans le 2nd quart-temps, A1 tente un tir au panier. Le ballon touche le panneau au-dessus du niveau de l'anneau, il est ensuite touché par B1. L'arbitre décide que le contact de B1 avec le ballon est légal. Il ne siffle pas de violation de Goaltending. L'entraîneur principal de l'équipe A pense que la décision est erronée. Il réclame un Challenge Vidéo d'Entraîneur Principal (HCC) en utilisant la bonne procédure.

Interprétation :

La violation de d'intervention illégale sur le ballon ou le panier ne peut être challengée que quand les arbitres **ont sifflé** une violation de Goaltending ou une intervention illégale sur le panier. La demande de Challenge de l'entraîneur ne doit pas être accordé.

F-4.4 Exemple **Les violations de marcher ne peut pas être challengé**

Avec 4'16'' sur le chronomètre de jeu dans le 3ème quart-temps, A1 s'engage en dribble vers le panier et marque un panier. L'entraîneur de l'équipe B pense qu'il y a eu clairement une violation de marcher de A1 avant que le panier soit marqué. L'entraîneur principal de l'équipe B réclame un Challenge Vidéo d'Entraîneur Principal (HCC) en utilisant la bonne procédure.

Interprétation :

Le Challenge Vidéo d'Entraîneur Principal (HCC) ne doit pas être accordé. Seules les situations de jeu qui sont listées dans l'annexe F-3 du règlement officiel de basket-ball peuvent être challengées. Les violations de marcher, qu'elles aient été sifflées ou non, ne peuvent pas être challengées.

F-4.5 Exemple **Challenge pour vérifier la valeur d'un panier autorisé même sur la remontée du ballon**

Avec 9 secondes sur le chronomètre de jeu dans le 4ème quart-temps, A1 marque un panier à 2 points. Le score est maintenant de A : 82 – B : 80. Après la remise en jeu de l'équipe B depuis sa ligne de fond, l'entraîneur principal de l'équipe A pense que le panier de A1 doit compter à 3 points et réclame un Challenge Vidéo d'Entraîneur Principal (HCC). L'arbitre s'aperçoit de la demande alors que B1 dribble dans sa zone avant.

Interprétation :

Le Challenge Vidéo d'Entraîneur Principal (HCC) de l'équipe A doit être accordé. Les arbitres doivent arrêter le jeu immédiatement sans placer aucune équipe en situation de désavantage.

- Si le Revisionnage Vidéo Instantané (IRS) montre que le tir de A1 a été tenté depuis la zone de tir à 2 points, le jeu doit reprendre avec le score de A : 82 – B : 80 …
- Si le Revisionnage Vidéo Instantané (IRS) montre que le tir de A1 a été tenté depuis la zone de tir à 3 points, le jeu doit reprendre avec le score de A : 83 – B : 80. …

… et dans les 2 cas, par une remise en jeu pour l'équipe B en zone avant, à l'endroit le plus proche d'où le jeu a été arrêté pendant que B1 dribblait, et avec le temps restant sur le chronomètre des tirs.

-4.6   Exemple   Challenge pour vérifier la valeur du panier précédent après un autre panier marqué.

Avec 8 secondes sur le chronomètre de jeu dans le 4ème quart-temps, A1 marque, un panier à 2 points. Le score est maintenant de A : 82 – B : 80. Après la remise en jeu par l'équipe B depuis sa ligne de fond, le coach principal de l'équipe A pense que le panier de A1 aurait dû compter 3 points, et réclame un Challenge Vidéo d'Entraîneur Principal (HCC). Les arbitres s'aperçoivent de la demande après que B1 a marqué un panier à 2 points avec 0'01'' sur le chronomètre de jeu. Le score est maintenant de A : 82 – B : 82.

Interprétation :

Le Challenge Vidéo d'Entraîneur Principal (HCC) de l'équipe A doit être accordé. Les arbitres doivent stopper le jeu immédiatement.

- Si le revisionnage vidéo instantané montre que le tir de A1 été tenté depuis la zone de tir à 2 points, le jeu doit reprendre avec le score de A : 82 – B : 82 avec une remise en jeu de l'équipe A depuis sa ligne de fond, avec 1'' sur le chronomètre de jeu.
- Si le revisionnage vidéo instantané montre que le tir de A1 a été tenté depuis la zone de tir à 3 points, le jeu doit reprendre avec le score de A : 83 – B : 82 avec une remise en jeu de l'équipe A depuis sa ligne de fond avec 1'' sur le chronomètre de jeu.

F-4.7   Exemple   Challenge pour vérifier la valeur du panier précédent après un panier adverse

Avec 7 secondes sur le chronomètre de jeu dans le 4ème quart-temps A1 marque un panier à 2 points. Le score est maintenant de A : 82 – B : 80. Après la remise en jeu par l'équipe B depuis sa ligne de fond, l'entraîneur principal de l'équipe A pense que le panier aurait dû compter 3 points et réclame un Challenge Vidéo d'Entraîneur Principal (HCC). Les arbitres s'aperçoivent de la demande après que B1 a marqué un panier à 2 points et alors que le signal du chronomètre de jeu avait retenti pour la fin de la rencontre et que le ballon était en l'air. Le score est maintenant. A : 82 – B : 82.

Interprétation :

Le Challenge Vidéo d'Entraîneur Principal (HCC) de l'équipe A doit être accordé. Les arbitres doivent réaliser le Revisionnage Vidéo Instantané avant de signer la feuille de marque.

- Si le revisionnage vidéo instantané montre que le tir de A1 a été tenté depuis la zone de tir à 2 points, le jeu doit reprendre par une prolongation selon la procédure de possession alternée.
- Si le revisionnage vidéo instantané montre que le tir de A1 a été tenté depuis la zone de tir à 3 points, la rencontre est terminée avec le score de A : 83 – B : 82.

F-4.8   Exemple   Challenge pour vérifier la valeur du panier précédent après un panier au buzzer de fin de match

Avec 0'06'' secondes sur le chronomètre de jeu dans le 4ème quart-temps, A1 marque un panier à 2 points. Le score est maintenant de : A : 82 – B : 80. B1 tente alors un tir réussi à 2 points et alors que le ballon est en l'air, le chronomètre de jeu retentit pour la fin de la rencontre. Le score est maintenant de A : 82 – B : 82. L'entraîneur principal de l'équipe A pense que le panier de A1 n'aurait pas dû compter à 3 points, et réclame immédiatement un Challenge Vidéo d'Entraîneur Principal (HCC), en utilisant la bonne procédure.

Interprétation :

Le Challenge de l'Entraîneur Principal de l'équipe A doit être accordé. Le Crew chief peut utiliser le revisionnage vidéo instantané pour le Challenge Vidéo d'Entraîneur Principal (HCC), à n'importe quel moment de la rencontre pour décider si le panier doit compter 2 ou 3 points.

- Si le revisionnage vidéo instantané montre que le tir de A1 a été tenté depuis la zone de tir à 2 points, le jeu doit reprendre par une prolongation selon la procédure de possession alternée.
- Si le revisionnage vidéo instantané montre que le tir de A1 a été tenté depuis la zone de tir à 3 points, la rencontre est terminée avec le score de A : 83 – B : 82.

F-4.9   Exemple   Challenge autorisé à tout moment pour vérifier à qui doit être donné le ballon suite une sortie du ballon sifflée + temps mort en suspend

Avec 6'36'' sur le chronomètre de jeu dans le 4ème quart-temps, le ballon sort des limites du terrain. L'arbitre accorde le ballon à l'équipe A. Un temps-mort est alors accordé à l'équipe A. L'entraîneur principal de l'équipe B pense que la décision n'est pas correcte et réclame un Challenge en utilisant la bonne procédure.

Interprétation :

Le Challenge Vidéo de l'Entraîneur Principal (HCC) de l'équipe B doit être accordé. Le Crew chief peut utiliser le revisionnage vidéo instantané pour le Challenge Vidéo d'Entraîneur Principal (HCC), à n'importe quel moment de la rencontre pour décider si une sortie des limites du terrain a été correctement sifflée.

Le temps-mort ne doit débuter que lorsque l'arbitre aura communiqué sa décision finale.

La demande de temps-mort de l'équipe A peut être annulée à n'importe quel moment pendant le revisionnage vidéo jusqu'après que l'arbitre aura communiqué sa décision finale suite au revisionnage.

F-4.10 Exemple   Challenge refusé pour revoir une violation de 8 secondes au 2ème quart-temps

Avec 5'28'' sur le chronomètre de jeu dans le 2ème quart-temps, A1 dribble près de la ligne de touche et passe le ballon à A2 qui marque un panier. L'entraîneur principal de l'équipe B pense que l'équipe A a commis une violation des 8 secondes avant que A2 marque le panier. L'entraîneur principal de l'équipe B réclame un Challenge Vidéo d'Entraîneur Principal (HCC) en utilisant la bonne procédure.

Interprétation :

Le Challenge Vidéo d'Entraîneur Principal - HCC - de l'équipe B ne doit pas être accordé. Seules les situations de jeu de l'annexe F-3 du règlement officiel de basket-ball peuvent être challengées. Une violation des 8 secondes peut seulement être revisionnée quand elle concerne une situation de jeu à la fin d'un quart-temps ou d'une prolongation. Le panier doit compter. L'entraîneur principal de l'équipe B utilisé l'unique Challenge qui lui est accordé.

F-4.11 Exemple   Disqualification ultérieure non pénalisée après disqualification automatique liée à un Challenge

Avec 2'30'' sur le chronomètre de jeu dans le 3ème quart-temps, B1 commet une faute sur A1. B1 est alors sanctionné d'une faute technique, suivie par la disqualification de B1 pour des insultes verbales ultérieures à l'encontre des arbitres. L'entraîneur principal de l'équipe A pense que la faute personnelle de B1 aurait dû être revue à la hausse comme faute antisportive et réclame un Challenge d'Entraîneur Principal - HCC.

Interprétation :

Le Challenge Vidéo d'Entraîneur Principal (HCC) de l'équipe A doit être accordé. Le revisionnage vidéo instantané (IRS) doit être utilisé pour décider, à n'importe quel moment de la rencontre, si une faute personnelle doit être revue à la hausse comme faute antisportive.

Si le revisionnage montre que la faute personnelle de B1 était une faute antisportive, la faute technique de B1 doit conduire à la disqualification automatique de B1. La disqualification de B1 pour des insultes ultérieures à l'encontre des arbitres ne peut plus être pénalisée pendant la rencontre et doit être rapporté aux autorités gouvernant la compétition.

N'importe quel joueur de l'équipe A doit tenter un lancer-franc sans alignement. A1 doit alors tenter 2 lancers-francs sans alignement. Le jeu doit reprendre par une remise en jeu pour l'équipe A depuis le point de remise en jeu dans sa zone avant.

F-4.12 Exemple   Pas d'annulation possible de HCC qui aura lieu après le TM s'il est demandé au cours d'un TM

Quand un Challenge Vidéo d'Entraîneur Principal (HCC) est demandé après qu'un temps-mort pour n'importe quelle équipe a commencé, ce temps-mort doit se poursuive sans interruption. La demande de Challenge Vidéo d'Entraîneur Principal (HCC) ne peut pas être annulée et le revisionnage devra être administré après le temps-mort.

F-4.13 Exemple **Demande de HCC en cours de temps-mort**

A1 marque, un panier à 3 points. L'équipe B demande un temps-mort à ce moment-là. Pendant le temps mort, l'entraîneur principal de l'équipe B pense que A1 a marché sur la ligne à 3 points avant que le tir soit relâché et demande un Challenge Vidéo d'Entraîneur Principal (HCC) en utilisant la bonne procédure.

Interprétation :

Le Challenge Vidéo de l'Entraîneur Principal de l'équipe B doit être accordé. Le revisionnage vidéo instantané peut être utilisé pour décider si un panier réussi a été relâché depuis la zone de tir à 2 ou 3 points. Le temps mort doit continuer sans interruption. Le revisionnage Vidéo (IRS) du Challenge Vidéo d'Entraîneur Principal (HCC) doit être réalisé à la fin du temps mort.

F-4.14 Exemple **Tous les cas d'IRS peuvent être challengés, mais une seule fois, par entraineur principal**

Dans toutes les rencontres où le Revisionnage Vidéo Instantané (IRS) est utilisé, l'entraîneur principal peut bénéficier uniquement d'un seul Challenge Vidéo d'Entraîneur Principal (HCC). Les restrictions de temps prévues à l'annexe F-3 du règlement officiel du basket-ball ne doivent pas s'appliquer.

F-4.15 Exemple **Challenge possible à tout moment pour erreur de touche supposée, sauf si 2ème challenge**

Avec 3'23'' sur le chronomètre de jeu dans le 2ème quart-temps. Le ballon sort des limites du terrain. Les arbitres accordent le ballon à l'équipe A. L'entraîneur principal de l'équipe B pense que la décision n'est pas correcte et demande un Challenge Vidéo d'Entraîneur Principal (HCC) en utilisant la bonne procédure.

    a) C'est la première demande de Challenge Vidéo d'Entraîneur Principal (HCC) de l'équipe B dans la rencontre

    b) C'est la seconde demande de Challenge Vidéo d'Entraîneur Principal (HCC) de l'équipe B dans la rencontre

Interprétation :

    a) Le challenge vidéo de l'entraîneur principal doit être accordé. Le Crew Chief doit utiliser le revisionnage vidéo instantané (IRS) à n'importe quel moment de la rencontre pour décider si la violation de sortie des limites du terrain a été sifflée correctement. S'il revisionnage montre que la décision est correcte, le jeu devra reprendre par une remise en jeu de l'équipe A. Si le revisionnage vidéo montre que la décision n'est pas correcte, la décision doit être corrigée. Le jeu devra reprendre par une remise en jeu pour l'équipe B. Dans les 2 cas, l'entraîneur principal de l'équipe B aura utilisé l'unique challenge vidéo qui lui est attribué.

    b) L'entraîneur principal de l'équipe B a déjà utilisé l'unique challenge vidéo qui lui est attribué. La demande ne doit pas être accordée.

F-4.16 Exemple **Pas d'annulation possible d'un Challenge déjà accordé**

Avec 3'21'' sur le chronomètre de jeu dans le 2ème quart-temps, le ballon sort des limites de terrain. L'arbitre accorde le ballon et l'équipe A. L'entraîneur principal de l'équipe B pense que la décision n'est pas correcte et demande un Challenge Vidéo d'Entraîneur Principal (HCC) en utilisant la bonne procédure. Le challenge est accordé. Immédiatement après, l'entraîneur principal de l'équipe B change d'avis et demande à ce que sa demande initiale soit annulée.

Interprétation :

Un seul Challenge Vidéo d'Entraîneur Principal (HCC) est accordé. La demande de challenge est définitive et irréversible.

F-4.17 Exemple **Challenge pour un tir tenté à la limite du signal du chronomètre des tirs**

Avec 2'35'' sur le chronomètre de jeu dans le 2ème quart-temps, A1 marque un panier à l'approche de la fin de période du chronomètre des tirs et le jeu continue.

L'entraîneur principal de l'équipe B pense que le signal du chronomètre des tirs avait retenti avant que le tir soit relâché. B1 dribble quand l'entraîneur principal de l'équipe B demande un Challenge Vidéo d'Entraîneur Principal (HCC) en utilisant la bonne procédure.

Interprétation :

Le Challenge Vidéo d'Entraîneur Principal (HCC) de l'équipe B doit être accordé. Le revisionnage vidéo instantané peut être utilisé pour décider à tout moment de la rencontre si le ballon a quitté les mains de A1 sur un tir au panier tenté avant que le signal du chronomètre des tirs retentisse.

Un Challenge vidéo d'entraîneur principal (HCC) peut être demandé à n'importe quel moment de la rencontre. Les arbitres sont autorisés à arrêter le jeu immédiatement et à réaliser un revisionnage.

- Si le revisionnage montre que le ballon avait été lâché avant que le chronomètre des tirs retentisse, le panier doit compter. Le jeu doit reprendre par une remise en jeu pour l'équipe B depuis le lieu le plus proche de l'endroit où le ballon se trouvait quand le jeu a été arrêté. L'équipe B doit avoir le temps restant sur le chronomètre des tirs.
- Si le revisionnage montre que le ballon a été lâché après que le signal du chronomètre des tirs a retenti, le panier ne doit pas compter. Le jeu doit reprendre par une remise en jeu de l'équipe B depuis l'endroit le plus proche du lieu où le ballon se trouvait quand le jeu a été interrompu. L'équipe B doit avoir le temps restant sur le chronomètre des tirs.

Dans les 2 cas, l'entraîneur principal de l'équipe B a utilisé l'unique challenge vidéo qui lui est attribué.

F-4.18 Exemple   Le Challenge Vidéo autorisé pour voir si un tir au buzzer du CT doit être accordé s'il est demandé au moment de la sortie du ballon qui suit

Avec 2' 29'' sur le chronomètre de jeu dans le 2ème quart-temps. A1 marque un panier à l'approche de la fin de période de chronomètre des tirs et le jeu continue. Les arbitres arrêtent le jeu. Dans la zone avant de l'équipe B, A2 provoque une sortie du ballon des limites du terrain. A ce moment-là, l'entraîneur principal de l'équipe B pense que le signal du chronomètre des tirs avait retenti avant que le ballon soit lâché et demande un Challenge Vidéo d'Entraîneur Principal (HCC) en utilisant la bonne procédure.

Interprétation :

Un Challenge Vidéo d'Entraîneur Principal (HCC) peut être accordé à n'importe quel moment de la rencontre, au plus tard quand les arbitres stoppent le jeu pour la première fois après la décision. Le Challenge Vidéo d'Entraîneur Principal (HCC) de l'équipe B doit être accordé. Le revisionnage vidéo instantané (IRS) peut être utilisé pour décider si le ballon a quitté les mains de A1 sur un tir au panier avant que le signal du chronomètre des tirs ait retenti.

- Si le revisionnage montre que le ballon a été lâché avant que le signal du chronomètre des tirs retentisse, le panier doit compter
- Si le revisionnage vidéo montre que le ballon a été relâché après que le signal du chronomètre des tirs à retenti, le panier ne doit pas compter.

Dans les 2 cas, le jeu doit reprendre par une remise en jeu par l'équipe B depuis l'endroit le plus proche du lieu où le ballon est sorti du terrain. L'équipe B doit avoir le temps restant sur le chronomètre des tirs. L'entraîneur principal de l'équipe B a utilisé l'unique challenge vidéo qui lui est attribué.

F-4.19 Exemple   Challenge Vidéo autorisé pour revoir à la hausse une faute personnelle qui devrait être une faute antisportive

Avec 7' 22'' sur le chronomètre de jeu dans le 3ème quart-temps, B1 commet une faute sur le dribbleur A1. C'est la 2ème faute de l'équipe B dans le quart-temps.

L'entraîneur principal de l'équipe A pense il n'y a pas eu de tentative légitime de jouer le ballon et que la faute personnelle de B1 devrait être revue à la hausse en faute antisportive. L'entraîneur principal de l'équipe A demande un Challenge Vidéo d'Entraîneur Principal (HCC), en utilisant la bonne procédure.

Interprétation :

Le Challenge Vidéo d'Entraîneur Principal (HCC) de l'équipe A doit être accordé. Le revisionnage vidéo instantané IRS peut être utilisé pour décider à n'importe quel moment de la rencontre si une faute personnelle, une faute antisportive ou une faute disqualifiante doivent être revues à la hausse ou à la baisse, ou doivent être considérées comme une faute technique.

- Si le revisionnage vidéo montre que la faute était une faute personnelle, le jeu doit reprendre par une remise en jeu de l'équipe A depuis l'endroit le plus proche du lieu où se trouvait le ballon quand la faute personnelle a été sifflée.
- Si le revisionnage vidéo montre que la faute personnelle était une faute antisportive, la faute personnelle doit être revue à la hausse. Le jeu doit reprendre par comme après n'importe quelle autre faute antisportive.

Dans les 2 cas, l'entraîneur principal de l'équipe A a utilisé l'unique challenge vidéo qui lui est attribué.

F-4.20 Exemple   Il est trop tard pour demander un Challenge si le ballon est redevenu vivant après la première interruption du jeu par les arbitres

Avec 7'16'' sur le chronomètre de jeu dans le 3ème quart-temps.
- a) B1 commet une faute sur le dribbleur A1. C'est la 2ème faute de l'équipe B dans le quart-temps. Le jeu reprend par une remise en jeu par l'équipe A. A2 marque ensuite un panier à 2 points
- b) B1 commet une faute sur A1 dans l'action de tir. Le ballon ne pénètre pas dans le panier. A1 a le ballon à sa disposition pour le premier tir de lancers franc.

L'entraîneur principal de l'équipe A pense à ce moment-là qu'il n'y a pas eu de tentative légitime de jouer le ballon et que la faute personnelle de B1 aurait dû être revue à la hausse en faute antisportive. L'entraîneur principal de l'équipe A demande un Challenge Vidéo d'Entraîneur Principal (HCC) en utilisant la bonne procédure.

Interprétation :

Le Challenge Vidéo d'Entraîneur Principal (HCC) de l'équipe A ne doit pas être accordé. Après que le ballon a été mis à la disposition d'un joueur de l'équipe A pour :
- a) La remise en jeu,
- b) Le premier lancer-franc,

… il est trop tard pour que le Challenge Vidéo d'Entraîneur Principal (HCC) soit accordé. L'entraîneur principal doit demander le Challenge Vidéo d'Entraîneur Principal (HCC) et le revisionnage vidéo instantané (IRS) doit avoir lieu au plus tard quand les arbitres stoppent le jeu pour la première fois après la décision, et avant que le ballon ne redevienne vivant.

F-4.21 Exemple   Un premier entraineur adjoint ne peut pas demander de challenge vidéo.

A1 marque un panier à l'approche du signal de fin de période du chronomètre des tirs et le jeu continue. Le premier assistant coach de l'équipe B pense que le signal du chronomètre des tirs a retenti avant que le tir ait été lâché et demande un challenge vidéo en utilisant la bonne procédure.

Interprétation :

La demande du premier entraîneur adjoint de l'équipe B ne doit pas être accordée. Le revisionnage vidéo instantanée peut être demandée uniquement par l'entraîneur principal de l'équipe B.

F-4.22 Exemple   Seul le challenge accordé doit être enregistré dans les 2 cases HCC de la feuille de marque

Le marqueur doit enregistrer toutes les Challenges Vidéos d'Entraîneur Principal (HCC) demandés sur la feuille de marque.

Interprétation :

Seul le Challenge Vidéo d'Entraîneur Principal (HCC) accordé doit être enregistré à côté de HCC sur la feuille de marque. À côté de HCC, dans la première case, le marqueur doit entrer le quart-temps ou la prolongation du HCC accordé, et dans la 2ème case, la minute de jeu correspondant dans ce quart-temps ou cette prolongation.

FIN DES INTERPRETATIONS OFFICIELLES
DES REGLES DU BASKETBALL

Service Formation des Officiels

Printed by Amazon Italia Logistica S.r.l.
Torrazza Piemonte (TO), Italy

55121430R00070